AF226534

YIN ZHI（因之）

My Experience of the Cultural Revolution

《文革记事》

In_Memory Publishing

in.memory.of.my@gmail.com

In Memory of Tens of Millions of Dead

During the Cultural Revolution

(1966-1976)

前言

因之（Yin Zhi）

中国的无产阶级文化大革命过去五十多年了，亲历了文革的人很难忘记那荒诞不经、疯狂愚昧的岁月。不忘历史，留下历史的本来面目，是我们这些过来人的责任。

我 1948 年出生，1962 年考入辽宁省实验中学，在学校经历了史无前例的"无产阶级文化大革命"。我父亲是大型国有企业的老机械工程师，在反右时父亲出差在外，没机会对党提意见，逃过了一劫；文革时还是被打成漏网右派，被关进专政学习班受刑，家也被抄了。他们把一块用墨汁写着"漏网右派、 地主阶级孝子贤孙、 资产阶级反动权威"的大白布缝在父亲的衣服后背上， 把父亲放倒在翻过来的四脚板凳中间，用皮带、 橡胶棍抽打。

文革初期，我这样的出身根本没资格加入红卫兵，只能加入所谓的"红外围"。我不甘心被游离于运动之外，和几个同学结伴开始大串联，参加了长征队从沈阳走到北京，后来又与一些没资格当红卫兵的同学自己组建了战斗队。

1968 年我和同学们一起被下放到农村，成为所谓"知识青年"。1972 年抽调回沈阳，进工厂当了工人。1979

年进入中央电视大学学习，1982 年毕业分配到工厂工艺处从事塑料模具设计，后晋升为高级工程师。现退休在家，颐养天年。

文化大革命使中国人民经历了严重的灾难，但目前的氛围把它视为禁区，连给母校校刊投稿中如实描写母校文革惨状的文字都被删除了，在同学微信群里发反思文革的文章也多次被警告。

我以为历史不该被歪曲，文革必须被否定。于是我退休后便根据文革期间的日记和搜集的传单和小报，撰写了《文革记事》。愿这部书能为后来人了解当年发生在祖国大地上的文革十年浩劫有所帮助，以了结自己多年的心愿。希望还历史以本来面目，让造成天怒人怨的文革惨剧不再发生，让我们的后代生活在朗朗乾坤之下，堂堂正正地做人。

目录

序言（Foreword）

关于"文革史"

礼露（Li Lu）

2021 年末的一天，是宁静的一天。突然有五位朋友在网上为了同一件事联系我，他们人在四面八方，最终我应下了这个活儿：为我不认识的因之先生的书《文革记事》写个序。

这几位兄长我大多素未谋面，他们之间也并不是全都相互熟悉，只是有微信以后才联系上。大家的交集点是上个世纪六十年代，他们都曾就读于辽宁省实验中学，而我爸爸又是该校的老师，他们对文革期间礼老师遭受的残酷迫害都有深刻记忆。所以一人提议，大家呼应，一致认为这个序应该让我来写。我感受到了他们对我的信任和期待。

个体记忆

这里《文革记事》的作者叫因之，其名儒雅且富哲理。

这是一部历史资料集，背景大约是 1966 至 1976 年中国十年文革中前期的沈阳，也有国内其他地区文革前期的记述。所展示的独特、重要的一部分是作者的亲身经历，包括当时的记录、日记、文物以及今天的回忆——是亿万文革亲历者对那个时代的个体记忆之一。

因之先生着墨最多的文革前期大约 1966 至 1969 年，是文革史中血腥的一页：充满荒诞、暴戾、恐怖、疯狂……，四零后、五零后一代青少年是舞台上的主体，那一时段也是红卫兵运动的巅峰。作者出身于高级知识分子家庭，不属于所谓的"红五类"，故不许革命！所以他不在运动风潮的中心，记录的基本是从边缘化的旁观者角度，看到的一个城市、一个中学文革早期的一个侧面。我认为反倒是这个角度让这个集子显得更客观、真实。回顾那些细节，留下当时的亲笔记录，这样的个体记忆无疑是很有价值的。

文革史沉浮

我曾在七十年代末把文革中自己的日记、笔记、信件等相关文物全部都烧掉了！没有勇气回看，那愚蠢的语言，狂热的情绪，开篇都是敬祝伟大的……毛主席万寿无疆！通篇抄录毛语录或斗私批修向党、向毛主席表忠心……。我虽当时还小，就知道日记不是给自己看的，说话要和广播和党报一致。

日记烧了，一个时代就结束了？我们害怕再回到那惨痛的岁月，认为有责任告诉我们的后代，历史发生了什么，但同时我们又认为悲剧不可能再重演了，怎么可能呢？！——整个八十年代，忙碌地、疾步在改革开放道路上的中国人，对此深信不疑。

然而，半个多世纪过去了，当代社会如何对待那场渐行渐远的"无产阶级文化大革命"？情形并不简单。从官方和民间角度看过去，我把它分成六阶段：

1、伤痕文学时期：1981 年中共党代会评价文革：彻底否定。（1977—1989）；

2、"风波"后，政治话题，包括文革史转向低调，静默(1989—1994)；

3、理论界史学界整体反思活跃，课堂上都可讲
（1995—2011）；

4、文革被粉饰。定位"艰难的探索"，为毛脱责。
独立思想者被下课，反思文革的书籍被下架，高
华、杨继绳、周孝正、从维熙、何清涟等国内外
公知被禁言。（2012—2016）；

5、"五毛党"活跃，公然为文革招魂。民间老红卫
兵大妈唱红歌，跳忠字舞占据广场和群聊。有一
种声音公然微词改革开放民主宪政，未经历文革
的一代小粉红疯狂生长，掀起极左思潮冲击全社
会。个人崇拜，红色输出，拥戴极权政治，抵制
现代文明——文革沉渣泛起。一些知名网站如共
识网和著名刊物如《炎黄春秋》逐步被封禁。有
识之士担忧焦虑：文革要重演？！（2016—
2021）；

6、中共十九届六中全会宣布维持中共十一届六中全
会所做"第二次历史决议"：去掉"艰辛探索"
说；重申对文革的否定：是"一场由领导者错误
发动，被反革命集团利用，给党、国家和各族人
民带来严重灾难的内乱"……但，同时又认为文
革的始作俑者"是伟大的马克思主义者，是伟大

的无产阶级革命家、战略家和理论家。"他虽然在'文化大革命'中犯了严重错误，但是就他的一生来看，他对中国革命的功绩远远大于他的过失。他的功绩是第一位的，错误是第二位的。"（2021.11至今）。

亿万人参与的"史无前例"的罪恶文革，在现代政治大潮中沉沉浮浮，从未被彻底清算，偶尔有反思，一直被利用。其实，它从未离场，一直都在深刻影响着其后中国的每一步历史进程—昨天、今日和未来。

历史盲区与"集体失忆"

如今，在中国国内媒体，文学艺术界，史学界尤其中共党史及教育界大中小学教科书中，这个话题越来越少被触碰。问到多个年龄段的年轻人，八零，九零，零零后的，知道文革——无产阶级文化大革命吗？那是怎么一回事？你们的父辈或祖辈有没有提到？他们摇头。

我曾问到城郊来的九零后小伙，他肯定地说他们那边没有发生过文革。

与一个刚参加工作的女孩聊到我的妈妈当年当校长，在文革中被打成"走资派"，被"革命小将"凌辱、批斗、残害……不料她突然问：那她，那她肯定特别特别有钱吧？！

究竟为什么一代人集体失忆，令文革成为历史盲区？

亲历者不愿再谈起，受益者不愿说，作恶者不愿说，受难者不愿说，忽而是革命动力，忽而又成了革命对象的人更不愿说……这几种情形，此处恕不展开。但国家记忆的"刻意遗忘"才是真正的关键。文革话题也一直是我家的禁区。

1970 年，文革第四年。除了哥哥作为知青下乡盘锦外，我家四口被从城市遣散到渤海湾一个小村庄。我们遍体鳞伤：爸爸的腰被打残；妈妈睡"牛棚"导致慢性肾炎，全身浮肿；我是心脏——一听他们说"我被专政的时候……"就突突突狂跳 140/每分钟。因此我们从那时就约定，从此不谈文革。后来电视上一有出现，马上就有人换台，一直到现在。

想不到我后来遇到的很多人都是这样。回忆文革，有害健康……忘记过去，就意味着快乐……

文革史禁区

近五年来，舆论导向令文革史加速从盲区变成禁区，一度党媒的口径是：无产阶级文化大革命是我党带领中国人民为了社会主义的伟大实践进行的"艰辛探索"，只是"内乱"而已。那些文革中被凌辱杀害的人只被允许说成"受到了不公正的对待"；微信公众号、微博等自媒体与官媒口径不一致的言论以"恶意传播谣言"的罪名遭删帖封号，一时"尸横遍野"。维稳资金投放网上，对"错误的发动"者不敬会遭殃，被拘留甚至遭"毛粉"当街殴打；大学课堂上教师因此类历史问题发表独立观点被学生举报，赶下讲台；文革之前十七年那一系列政治运动或极左路线大跃进造成的大饥荒等也一概被禁谈，否定文革成为"异见"……所有一切令人感到寒气习习，似听到历史倒车的引擎轰轰作响，"无产阶级文化大革命"2.0真的来了？！

太多的人对此无感，任由那段历史远去了、模糊了、淡忘了，被虚无、被篡改、被粉饰。

我做不到。在准备这篇东西时，巨量思想碎片泛滥脑（电脑）海，有的完成了，有的做了一半，有的只是开个头，汩汩湍湍如意识流……都是关于文革的：

- "个体记忆"与"国家记忆"？

- 文革"历史盲区"与"集体失忆"？

- 文革的发生是偶然？是必然？

- 前文革与文革前：悲剧"预演"？

- 后文革与文革后：改开的超低起点？

- 谁在忏悔？谁应道歉？谁在诿过推责？

- 两类红二代对文革的反思？

- 难解的文革史死结：始作俑者？

- 逻辑推论直逼作恶者的合法性？

- 老红卫兵与小粉红：文革基因？

- 就文革史问题质问某些高官？

- 有关文革史，致敬独立思想者的艰辛启蒙？

- 毛发动文革的真正原因？

- 在劫难逃？中华民族是否有机会躲避文革灾难？

- 文革结束当时为何没做有力的清算？

- 文革是"国家之罪"？

- 文革的罪魁祸首最新排名及依据？

- 文革时代红色输出如何造成反人类的灾难？

- 为何这样的历史事件至今没有像样的文学作品反映？

- 分析某人为何将文革定位为"艰难的探索"？

- 文革一代人的价值观怎样影响中国今日与未来？

- 反人类的文革怎"错误"二字了得？

- 文革悲剧真的会重演吗？

- 都是什么人在怀念文革？

- 什么人在利用文革"借尸还魂"？

- 始作俑者何时得到公正的评价？

- 中国何时建立文革死难者纪念碑？

- 勿忘国耻——中国的文明启蒙从清算文革开始？

- 对于文革的破坏，是否应该向全国和全世界道歉？

- 文革真正的恶性遗产是什么？

文革真正的恶性遗产是什么？

恕我只能展开这一个命题。

由始作俑者策划、发动、领导的，四人帮等推动实施的，有亿万乌合之众狂热参与的所谓"无产阶级文化大革命"，在二十世纪六七十年代人类舞台上上演了一场亘古未有的悲剧、闹剧、荒诞剧。"十年浩劫"首先将国家机器既有的官僚体制和秩序全部打烂。"伟大领袖"动员全体人民，对所谓阶级敌人：地富反坏右、知识分子、"走资本主义道路"的当权派进行惨绝人寰的迫害并且株连九族。前期的血腥屠杀，中期的造反派派系武斗互害，文革致死、致残两千万余！"破四旧"，砸烂了支撑这个民族发展几千年的传统文化、公序良俗，摧毁了无数即便战争都没能摧毁的多民族文化、宗教、历史遗产和文物古籍。国家建设停滞倒退，经济凋敝，民不聊生。文革留给这个世界的是满目疮痍，一个自废武功、失魂落魄、没有节操的中国。

说到文革恶性遗产，我说的还不仅是上面这些。

文革，创造了亿万无教养、低素质、三观畸形的"文革一代人"，尤以五零、六零后为典型。

例外当然有。地域上的浙沪粤，分类上的文革后高考"新三届"和文革受难者如知识分子家族后代和国民中十分稀缺的独立思想一族。

虽然我是这代人之一，但还是准备用第三人称复数来叙述。

他们，在文革"知识越多越反动"为信条的时代，长期经历了反智驯化，被"红色"政治浸染，11 年的高考停摆，正常教育中止，文化科学营养断供，没有系统的学习，没有逻辑学训练……培育了诸多"脑残"者，对极权膜拜，丧失诚信；缺乏对正义、邪恶的分辨力，缺乏独立思考力；他们的三观，即人生哲学以成王败寇为价值准绳，崇尚丛林法则，实用、功利、鄙视文明，屈从于暴力，为达目的不择手段……他们中还有当年跟着"伟大领袖"造反有理的红卫兵，至今身上还存留着无视法律、粗暴鄙俗的印记，人性之恶一直延续到坏人变老，不但难改，还传给了下一代——今天的八零、九零、零零后。

我的打击面大了？那去看看此年龄段一些同学群、战友群、亲属群、同事群……文革思维相当程度仍然左右着他们的认知——无法做到逻辑自洽："从来就没有什么救世主"和"东方红太阳升……他是人民大救星"同框；斗争哲学和屈服于暴政同框；战狼狂妄自大的叫嚣和狭隘自卑的玻璃心同框；反美是工作和赴美是生活同框……

现在的问题是：某些人带着文革思维进入了管理层，对于文革一套轻车熟路，带领着老百姓向左、向左、再向左，成功地将世界文明推向对立面，成功地加固了打击异见，成功地吓跑了外资，吓跑了大批知识精英、财富精英、学子精英，成功地培养了年轻的文革新一代。

这，才是文革真正的恶性遗产！

文革基因，中国的宿命？

结语：

最后，请允许我拾几帧文革往事加入到因之先生的记事中，以纪念我的父亲、母亲和无数在"文化大革命"中惨遭凌辱、不幸罹难的人们，算作此序的结语吧。

关键词：文革，礼广贵老师，沈阳，辽宁省实验中学，礼水石……

改名

我爸爸是 1962 年经五年农场劳改后，戴着"摘帽右派"的帽子到辽宁省实验中学教书的。之前，把他打成"资产阶级右派分子"的单位是中共辽宁省委宣传部，就是文革中出了张志新惨案的那个地方。

文革中我的妈妈，沈阳第 39 中学校长，最早被红卫兵揭发的罪行就是其丈夫是大右派，是反党分子。罪证之一是给女儿取了"礼水石"这个名字。当时我妈妈和我爸的名字连着妹妹的名字在大字报上都打着大红叉。红卫兵造反派说，这个名字是要给右派翻案，对党不满，要搞个"水落石出"。天地良心！我爸爸一再辩解名字的含义是水滴石穿，希望孩子做事有毅力，有恒心，有滴水穿石的精神。那不行，一定是反党！

我们就住校园里，妹妹才十岁，顶着这个反动的名字，很害怕。记得那天我们俩攀在学校体育馆凉台上商量改名，我拿出了两个方案：礼红和礼彤。她知道周围很多人都叫了红，不想叫红了，听我说彤也是红的意思，于是决定选后者。所以现在如果有人喊了礼水石，那一定是文革前就认识我们的人。

送饭

记不准是 1966 还是 1967 了，我爸爸和妈妈都被打成"牛鬼蛇神"，同时被"无产阶级专政"，就是被红卫兵囚起来，批斗拷打，逼着交代反党罪行。他们分别被关在辽宁省实验中学和沈阳三十九中学两地。需要给他们送饭，每次饭都是我做，送饭都是我妹妹。妈妈这边就在楼下，但实验中学很远，大概要坐十来站公交车。

她比同龄的孩子要瘦小，因为从小就营养不良，满脸就看到两只大眼睛。每次我们用毛巾把热饭包好，听完我的嘱咐，她就满怀信心地上路了。给爸爸的菜饭都是做得很烂糊的，因为他的牙是残的，吃饭就是囫囵吞枣，如果我俩不送饭，他就很难活下去。饭也不是总能送成功，好像有两次拿回来了，是遇到了不好的红卫兵。送饭的时候要直呼其名，大声地，不让喊爸爸。

每次我爸爸盼女儿的出现，眼睛都盼蓝了，每次都说好吃好吃。听到孩子喊：礼广贵！礼广贵！他就乐呵呵地过来，问我妈这边的情况，我们的情况，没几句话，红卫兵就不让说，会面就结束了。

那天他拿到了饭盒本已走远，以为我妹妹也回去了，突然又听到大喊礼广贵！回身一看，我妹妹从胯兜掏出一个什么，跳着脚焦急地喊，礼广贵！礼广贵！我怎么忘了呀！还有一个咸鸭蛋呢！（这一段儿我爸爸晚年说过好几次，分明在笑着……眼里却迸出泪来）。

气功

专政队都由"根红苗正"所谓出身"好"的"红五类"：革命军人、革命干部、工人等子弟组成，年龄十五六七岁，他们对这些"旧社会"也就是民国时代过来的老师充满仇恨，极尽凌辱：强迫他们低头、弯腰、下跪、挂大牌子，向伟大领袖毛主席请罪，背毛主席语录，唱"我是牛鬼蛇神"的歌。实验中学打老师最狠的"红后代"头目等人像对待牲畜那样驱赶叫骂，用皮带、棍棒、自行车链子抽打，拿爸爸当摔跤"陪练"，用大背动作反复狠摔……爸爸的腰被打残，很多年都直不起来。

——我爸爸从来没和我们讲起过这些，是晚年病重时来医院看望他的李清池老师说的：礼老师会唱歌，我们好几个老师都学不会那个"我是牛鬼蛇神"歌，就挨打受罚，后来你爸爸就一句句教我们。我被打伤，痛得吃不下饭，他鼓励我：说什么也要喝水、吃东西，吃不下也要强咽！你爸爸真是乐观，他还发明了一种方法，现在可以叫"气功"吧，教给我们大家，是对付拷打，少受腰伤的一个妙招：在挂牌子弯腰挨斗时，估摸着打手的棍棒要落下之前那么几秒，迅速地把气运到腰部，这样，皮肉破了，骨头却伤不到……

三个绝不

在中国，文化大革命极左肆虐最烈的城市有那么几个，沈阳是其中之一。（至今，沈阳的中山广场，发动者还在那里招手，还总有红卫兵遗老遗少在那里唱红歌、跳忠字舞、高呼万岁，怀念毛时代）而中学又是红色恐怖中最血腥暴力的地方。不幸的是，我的爸爸妈妈当时都在中学工作，更不幸的是我们就居住在中学校园里。

五十年代，我妈妈刚到 39 中学当校长时，全市只有 4 位中学女校长。文革中，旁边两个中学的女校长一位被红卫兵活活打死，一位"畏罪自杀"。我妈妈受到的凌辱花样翻新，惨无人道，头发都被抓光了，跪着向毛请罪，膝盖和裤子都跪烂了，黏在一起，手臂尺骨被打断，刚长上又再被打断。夜里就睡在阴暗的小屋铺着稻草的冰凉水泥地上，蜷缩一团。日日酷刑，夜夜哀嚎……

后来我们知道，在那比地狱还黑暗的漫长岁月里，妈妈不堪忍受，多次想到死，是爸爸与她的三个约定让他们共同撑到了最后：无论遭到怎样的酷刑逼讯，1、绝不承认反党（……等莫须有"罪行"）；2、绝不乱咬他人（互相揭发）；3、绝不自杀。

爸爸于 1995 年去世，享年 75 岁；妈妈 2001 年去世，享年 75 岁。

2022 年 1 月 29 日写于珠海.海怡湾畔

礼露简历

礼露，女，满族，祖籍辽宁辽中大黄旗堡。曾当过下乡知青，农村小学教师，渔村中学教师，电厂工人。1979 年考入吉林大学中文系。毕业后在北京工作，先后供职于民族出版社，华声报，华声月报，人民日报《讽刺与幽默》，《家庭医生》心理专刊，《海内与海外》杂志社等，担任主任编辑、首席记者、采编部主任(副)等职务。中国新闻社退休后为智齿工作室室主，自由撰稿人。

联系方式：Email leeluer@sina.com

Yin Zhi

Cultural Revolution in China

My Personal Experience

文革记事

因之

第一章 文革早期

　　文化大革命的拉开序幕，缘起中共中央的 1966 年"五一六通知"。通知中明确提出了打倒"彭、罗、陆、杨"（彭真、罗瑞卿、陆定一、杨尚昆）反党集团，在全国开展无产阶级文化大革命的号令。通知中指出："混进党里、政府里、军队里和各种文化界的资产阶级代表人物，是一批反革命的修正主义分子，一旦时机成熟，他们就会要夺取政权，由无产阶级专政变为资产阶级专政。这些人物，有些已被我们识破了，有些则还没有被识破，有些正在受到我们信用，被培养为我们的接班人，例如赫鲁晓夫那样的人物，他们现正睡在我们的身旁，各级党委必须充分注意这一点。"通知中还号召"高举无产阶级文化革命的大旗，彻底揭露那批反党反社会主义的所谓'学术权威'的资产阶级反动立场，彻底批判学术界、教育界、新闻界、文艺界、出版界的资产阶级反动思想，夺取在这些文化领域中的领导权。而要做到这一点，必须同时批判混进党里、政府里、军队里和文化领域的各界里的资产阶级代表人物，清洗这些人，有些则要调动他们的职务。"

（1）北京破旧

　　担任马前卒、冲出学校、杀向社会搅起文革浊浪的则是首都北京以清华附中为首的一批高干子弟。这些人平时就以为自己"血统高贵"、出身"纯正"而不可一世，凭借家庭优势，信息灵通和可以为所欲为的感觉，在 1966 年 6 月，成立了以高干子女为核心的由"红五类"子女组成的"红卫兵"。成立"红卫兵"的初衷是为了坚决保卫他们心中的无产阶级红色政权，保卫那些高级干部不受阶级敌人的打击迫害，他们的打击目标是"地、富、反、坏、右"及其子女后代。他们把反动对联"老子英雄儿好汉，老子反动儿混蛋"奉若神明，以反动的血统论作为其理论基础，明文规定组织发展"第一阶段由中共中央、国务院、解放军及省市委干部子弟组成；第二阶段由基层组织（地委、专署、公社）干部子弟组成"。根据老子官职高低，所佩戴的袖章质地不同（呢、绒、缎、绸、布），尺寸不一（八寸、六寸、五寸）。

1966 年 6-8 月，是这些早期红卫兵登上历史舞台叱咤风云的时期，他们在学校里批斗老师，批斗同学（"黑五类"家庭出身的同学）；到社会上破四旧，对百货店、理发馆、裁缝铺、照相馆、旧书店等打、砸、烧，大量古今中外优秀的文学书籍被撕坏、焚烧；香水、雪花膏、口红、项链等被砸碎；"鸡腿裤"、"牛仔裤"被剪坏，尖头皮鞋的尖头被砍掉；曾经风行的"青年波浪式"、"无缝青年式"、"螺旋宝塔式"、"飞机式"发型被当街当众不留情地剪乱剪掉；最为令人痛心的就是大量已经保存了千百年的文物古迹、文化园林被砸坏、毁损，如闻名天下的颐和园长廊上的幅幅珍贵彩绘丹青大部分都被黑墨汁粗暴涂抹损毁，万寿山上的千佛墙上的无数石雕佛首被野蛮砸掉（高处够不着的才幸免于难），各地著名的佛寺古庙也惨遭涂炭。作者文革期间曾到各地串联，目睹此情此景真是心痛万分。那些文物古迹、先辈遗产何罪之有？那些古今中外优秀的文学书籍又何罪之有？"焚书坑儒"真的就那么光彩、光荣、革命么？文革中最令人不能容忍的就是对山东曲阜孔庙孔林的大破坏。孔孟之道虽然在数千年历史中也曾遭到过少数当政王朝的抵制和批判，但却从未遭到过这样的灭顶之灾。这种对中华民族悠久历史的公然歪曲和损害，对五千年华夏传统的蔑视和破坏，是任何一个胸怀爱国心的中国人都无法忍受的。可是，这一切却在文化大革命中以"革命造反"的名义堂而皇之地发生了。这不能不说是国人的悲哀，民族的悲哀。

附录：谭厚兰是北京师范大学"调干生"，湖南望城县人，和雷锋是老乡。谭厚兰以中央文革小组名义，带领北师大井冈山红卫兵的 200 余人，在山东曲阜造"孔家店"的反，联合当地造反派召开了捣毁孔庙的万人大会。11月12日下午，"全国红卫兵彻底砸烂孔家店树立毛泽东思想绝对权威革命造反联络站"宣告成立，标志着北京师范大学红卫兵与曲阜当地红卫兵组织联合阵线的形成。谭厚兰制定了行动计划，起草了《火烧孔家店——讨孔檄文》《告全国人民书》。红卫兵高呼"打倒孔老二""彻底捣毁孔家店"，齐声背诵毛主席语录："凡是反动的东西，你不打，他就不倒，这也和扫地一样，笤帚不倒，灰尘照例不会自己跑掉。"

从 1966 年 11 月 9 日至 12 月 7 日，在曲阜的 29 天，红卫兵"带着深仇大恨"，砸毁国务院 1961 年立的"全国重点文物保护单位"的石碑，发了给国务院的抗议信，共毁坏文物6000 余件，烧毁古书2700 余册，各种字画900多轴，历代石碑 1000 余座，其中包括国家一级保护文物的国宝 70 余件，珍版书籍 1700 多册。砸毁包括孔子墓碑在内的历代石碑一千余座，捣毁孔庙，破坏孔府、孔林，刨平孔坟。11 月 13 日，孔府大门被迫打开，工人、干部、学生、从几十里外坐着毛驴车赶来的乡下老大娘一拥而入。11 月 15 日，孔府大门前举行"彻底捣毁孔家店誓师大会"，国务院 1962 年立在孔府门前，写有"全国重点文物保护单位"的石碑被砸碎了。会后，红卫兵们分头冲进孔庙、孔林、周公庙，砸碑、拉匾、捣毁塑像。人们从孔子等被称作是"四配""十二哲"的孔子门生塑像肚里纷纷掏出了线装的《周易》、《尚书》、《诗经》、《春秋》、《大学》、《中庸》、《论语》、《孟子》等焚烧撕毁，扔在地上践踏。

29 日，孔子高大的墓碑上涂满了口号，红卫兵们把一根粗绳套在墓碑的上端，人员分成两队，一队拽住一边的绳子，高音喇叭响起来："扒坟破土仪式现在开始！"巨大厚重的"大成至圣文宣王"碑被拉倒，摔在碑前的石头供桌上，断为两截。为了更快地掘开墓穴，还动用了雷管和炸药，孔子的坟被炸开，黄土四溅。"衍圣公"，这是孔子嫡系长子长孙的封号，自宋代起就世袭爵位。清末和民国初期的衍圣公孔祥珂及夫人，孔令贻及其妻姜也先后被从坟里掘了出来。由于保护得好，尸体还没有腐烂，男女都有，光着身子。红卫兵们往树上系绳子，然后将尸体吊起来，"像撒了气的皮球一般迅速地瘪下去"，迅速氧化，变黑，每天围观人络绎不绝。村民疯抢墓里的陪葬品，流传着"一夜挖出个拖拉机"的说法。村民们眼里只有金银，谁来阻挡，就是一顿暴打。当时从孔家子孙的墓里挖出来的金银珠玉不计其数，银行来收金银，96 元一两，前后收了 30 多万元。一同被挖出的玉石，因为不收购，所以立即被村民视为废品，被孩子们拿去，系上绳子，在路上甩着玩耍。

林彪死后，毛泽东认为林彪的右倾与林彪私下推崇孔孟之道有关，想借助"批林批孔"来统一全党的认识，对孔子思想进行的全盘否定和彻底批判。1974年1月18日，毛泽东批发中共中央 1974 年 1 号文件，转发了由江青主持选编的《林彪与孔孟之道》，全国开始了"批林批孔"运动。

根据曲阜县文物管理委员会 1973 年 2 月 24 日《关于"讨孔联络站"破坏文物情况的汇报》《讨孔战报》以及当事人的回忆，面积 3000 余亩、延续了两千多年的孔氏家族墓地的地下随葬品被洗劫一空。

1966 年 11 月，台湾以复兴文化之名义开展了中华文化复兴运动，蒋介石多次谴责抵制文化大革命。中华文化复兴运动推行委员会由孙科、孔德成等人联名发起，内容包括：整理大量的古籍；编印中国历代忠孝人物及其文选；编译中国科学技术史丛书、中国人文及社会科学史丛书；翻译介绍西方名著等。

日本文化界发表"反对文化大革命"宣言，诺贝尔文学奖得主川端康成、曾经居住于中国东北十数年的诺贝尔文学奖候选人安部公房、三岛由纪夫等数百位作家、艺术家联名发动抗议，盼望中国当局能保护中国历代文物免遭破坏。

一些当年"讨孔"的骨干已大多早逝。而风光一时的谭厚兰，1978 年被北京市公安局以反革命罪逮捕，1982 年被免予起诉。谭厚兰罹患宫颈癌，45 岁时病亡，没有结过婚。

末代衍圣公孔德成是孔令贻的儿子，曾任台湾考试院院长，于 2008 年 10 月 88 岁离世，尽管一再被邀请回大陆，但他却从未接受。祖坟被挖，这在中国的传统之中，是最大的侮辱。

在伪满时期，东北共有 78 座孔庙。家乡德惠早在清末宣统年间就建立了孔庙，每年举行祭孔活动，可惜解放后被彻底破坏，连块残砖断瓦都难以找到。

1937 年，日军打到山东曲阜——孔子家乡时，东京大学高田真治教授上书日本军部："山东作战，如破坏曲阜古迹，日本将负破坏世界文化遗迹的责任。"军部于是急令前线部队避开曲阜一带的战斗。日军进驻曲阜后，派兵把守孔庙，将领参拜。当地百姓说，日军见到孔府的汽车鞠躬行礼，进入民宅发现墙上有孔子像也鞠躬致敬。一出租车司机说自己爷爷得罪了日本人跑进了孔林里面，日军出于对孔子的敬仰，开枪不往孔林里打，而是往天上射击。而在其他地区，日军侵略掠夺，犯下滔天罪行。在曲阜没有破坏孔子庙宇，这并非日军良心发现，而是在于传统上儒学对日本有很大影响，所以日军面对孔子灵位才心怀敬畏之心。

1979 年，国家重新修复孔子墓，曲阜文管会让人帮助寻找孔子墓碑，还有散落的碑块，在附近社员家里找了上百块，现在孔子墓前的碑，就是这些石块拼在一起的。1994 年，孔庙、孔府、孔林被列入世界文化遗产。

（2）各地效仿

北京的这批早期红卫兵的成立和发展，在全国各地得到了迅速的效仿。各地纷纷成立了以高干子弟为核心的"红五类"组织，名称不同，实质相同。如在沈阳叫"红后代"，在西安叫"红色恐怖"。这些人公开声称：我们是革命的红后代，我们的父辈跟着毛主席打下江山，这个江山我们要世世代代坐下去，我们只许左派造反，不许右派翻天，谁打击迫害革命老干部，谁就是我们的敌人。这种思维逻辑就注定了他们必然成为文革时的保皇派，也就是保爹保妈派。从 1966 年 9 月全国开始大规模批判资产阶级反动路线、批判反动对联、批判反动血统论和更多国家机关、省市委高级干部被揪斗、登报点名批判后，这些早期红卫兵就从最初的文革狂热分子转变成仇视文革群众运动的阻力军。这些人中的大多数就成为了其后两年里各地保守派的中坚力量和基础。而那些文革初期受压制、受排挤的人则大多参加了造反派。这也就是为什么保守派里出身"红五类"的人较多，而造反派里出身成份较复杂的原因。这也就是为什么大多数地方军区在参加支左时都支持保守派，反对和镇压造反派，犯了方向、路线性错误的原因。

西安红色恐怖队成立于 1966 年 9 月 20 日，与西安红卫兵司令部（简称西红司）是同天成立的西安最早的保守派红卫兵组织，下设有办公室、组织部、政治部、后勤部、参谋部等机构，并准备设立工农部。有成员 90 余人。红恐队成立时，制定了红色恐怖宣言。其主要成员大都是西北局子弟和陕西省委子弟以及部分军队子弟，时任陕西省军区副司令员的张开基之子张文光曾担任过红恐队的司令，西北局孙克的儿子孙亚明任过红恐队的组织部长。有一段时间，高干子弟觉得自己出面担任主要领导职务不太好，于是选了工农子弟出身的技校学生张水平担任过一段时间领导职务。红恐队是以西安中学、西安市第 10 中学、陕师大一附中、陕师大二附中、西安市第 20 中、西安市第 3 中学等高干子弟学校的学生为该组织的主要力量。

　　红恐队主要是效仿北京的高干子弟红卫兵组织，如"西纠"，并与这些组织的关系很密切，1966 年 9 月 20 日，红恐队成立之时，还请了北京"西纠"的学生来指导，后来与"联动"关系也很密切，"联动"冲击公安部，红恐队也多次派人参加。1966 年北京的"红八月"之后，在西安开始大规模的、有组织的抄家、打人甚至打死人，这些很多都有红恐队参加。西安文革早期比较轰动的打死 37 中语文教师王冷、退休教师王伯恭、省政协副主席、民主党派人士党晴梵的主要人物，后来都参加了红恐队。1967 年 1 月 17 日，时任公安部长的谢富治在讲话指出："公安部要保护左派，反击右派，镇压反革命。例如'联合行动委员会'、'西安红色恐怖队'，这些组织是反动的，头头是反革命。"红恐队随即被打成反动组织，其主要人员也被定为坏头头，"西北局、陕西省委的黑子弟兵"和"刘（澜涛）家御林军"。全省各造反组织大规模的揭批红恐队的罪行，部分成员因在文革初期有虐打被抄家对象等原因而被审查关押。文革结束后，陕西省委在讨论红恐队的问题时，认为该组织是"反中央文革、反林、江集团的"，是"因为出身干部子弟被迫害，心中有气"，"对随意批斗揪斗老干部不满，有些过激行为"，后被平反，很多红恐队的成员被解放，重新安排工作。

　　沈阳红后代成立于 1966 年 8 月 16 日，骨干力量是沈阳第二中学、二十九中学、辽宁大学附属中学。"八·一八"后，红后代和其他红卫兵组织一起，冲出校门，走向街头。他们陆续冲击了南关天主教堂、慈恩寺等宗教场所，掀开了沈阳破四旧的帷幕。

（3）血统谬论

从新中国建立到发动文革运动的那些年代里，国人感触最深的莫过于家庭出身问题了。任何人从小学入学开始就必须不断填写家庭出身。而家庭出身的层次大致可以划分为三种：红五类（工人、贫下中农、革命干部、革命烈士、革命军人）；黑五类（地主、富农、反革命、坏分子、57 年后的右派分子）；中间类（市贫、职员、中农、未划和知识分子）。家庭出身的"优劣"就决定了一个人的前途和命运（极少数的除外）。一个各方面素质都非常优秀的人，只要家庭出身"有问题"，就很难顺利地升学、入团入党、参军、提干，连恋爱、结婚都受影响。这种偏激的阶级路线的执行，建国前后出生的人都应该深有感触。而到 1966 年文革运动开展后，这种"先天命注定"的不合理的现象就发展到了极致。反动对联"老子英雄儿好汉，老子反动儿混蛋，基本如此"的出笼和蔓延，就是腐朽、没落的血统论的出现。

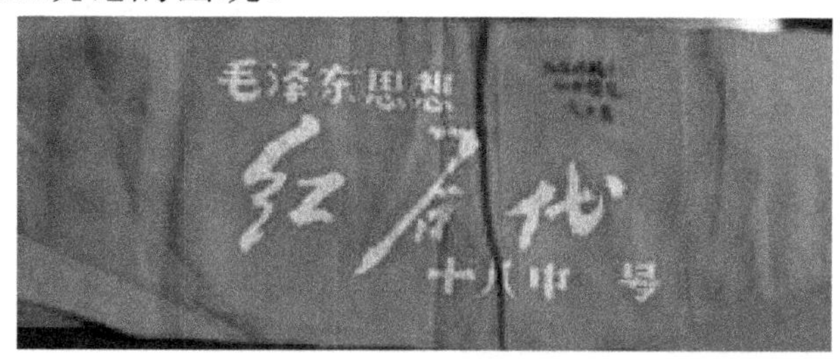

文革初期，沈阳各大中学校都贴出了反动对联："老子英雄儿好汉，老子反动儿混蛋，基本如此"，还有的横批为"鬼见愁"。主要成立于各中学的高干子弟组织"红后代"张贴了一系列狂热鼓吹"反动血统论"和特权思想的大字报。下面把几张流传较广的大字报转录出来，供朋友们"奇文共欣赏，疑义相与析"：

《“自来红”们站起来》

我们是顶天立地的革命后代，我们是天生的造反者。我们到这个世界上来，就是为了造资产阶级的反，接无产阶级革命大旗！老子拿下政权，儿子就要接过来，这就叫作一代一代往下传。有人诬蔑我们是“自来红”，崽孙子，你们的诬蔑是我们的无尚光荣。你们说对了，要问老子是哪个大名，就叫自来红。我们从小长在红旗下或长在红色的家庭环境中，从小就受到革命教育。我们的老子是跟着党，跟着毛主席从枪林弹雨中出来的，他们对党对毛主席最热爱，并且从小就对党对毛主席有最深的感情，最最热爱毛主席，老子的革命精神时时刻刻渗透到我们的体内。“自来红”还说明老一代革命传统怎样传给了革命的后一代。而在资产阶级玩意、反革命大右派环境中生长起来的崽子们，你们整天受到黑黄白等杂七杂八的教育，你们不改造会“自来黑”“自来黄”“自来白”。崽子们，你们有人仇视我们这些自来红，我们告诉你们：无论如何，我们这些出身革命家庭的“自来红”比你们出身反革命的“自来黑”“自来黄”“自来白”要强一百倍、一千、一万倍！强的没法比！我们可以问心无愧地说：我们革命之心最最最红，我们有没有缺点？有，但是比起我们的优点是次要的。为了革命更彻底，红的更红，我们一定要克服的！革命的重担落到我们身上，我们贫下中农子弟、工人子弟、革命干部子弟一定要掌握大权。这是毛主席给我们的权力！谁敢反我们，我们就坚决专他的政！要他的命！从前我们这些“自来红”被那些资产阶级王八崽子们压得抬不起头来，我们老子为革命抛头颅洒热血，可他们的后代反而低人三等，连那些资产阶级的小崽子们都不如。今天有党和毛主席给我们做主，我们"自来红"今天扬眉吐气了。往日我们矮三分，今天我们是顶天立地的人！所有的"自来红"们，拿出我们火热的革命精神来和一切资产阶级权威和你们崽子们和一切大大小小的牛鬼蛇神斗到底！有党和毛主席给我们做主，有老一辈撑腰，我们什么也不怕。这个"反"我们造定了，不反到底，死不瞑目！谁他妈的最反"自来红"，就让他们尝尝我们的厉害！老子英雄儿好汉，革命精神代代传。我们不但"自来红"，而且将来红，永远红，红到底，闹他个全球红！全红遍！敬爱的毛主席，你老人家放心，我们这些"自来红"一定要读一辈子您的书，听一辈子您的话，一辈子按照您的指示办事，一定要把红色的江山给您保下来，把您的伟大思想红旗插遍全世界！毛主席万岁！万岁！红后代

1966 年 8 月 13 日

《给"狗崽子"的一篇大字报》

混蛋狗崽子，你们听着！文化大革命以来你们做了些什么？你们不改造自己，老老实实交待问题，整天他妈的东游西逛，这钻那窜，东照西看，这些天你们又有些得意忘形了。你们想让我们成为黑帮子女，恨不得所有革命干部都成为黑帮。告诉你们"十六条"说：革命干部好的是大多数。我们的爸爸妈妈和王**那黑帮狗爹娘不同。（当时陆续有东北局、省市委干部被登报批判、揪出打倒，转眼间许多"自来红"变成了"狗崽子"）革命干部是中国的精华，是跟着毛主席身经百战的老红卫兵，你们想让他们下台，做梦！无产阶级江山我们坐定了！保定了！我们

是无产阶级左派的基础、骨干！文化大革命的主人，我们做定了！你们一辈子也翻不了天。

请你们不要忘记，对你们运动后期"酌情处理"！"酌情处理"！我们还要说一遍：老子英雄儿好汉，老子反动儿混蛋，基本如此。这是阶级烙印，你们否认不了！癞蛤蟆终究是癞蛤蟆！要革命的站出来，不革命的滚他妈的蛋！

红后代十六支队

《红后代就是保共派就是"保皇"派》

警告狗崽子们王八蛋们，罪该万死的狗崽子王八蛋们，竖起你们的驴耳朵，好好地、老老实实地听着！我们"红后代"就是党中央、毛主席的"保皇派"，就是你们一听见，一看见就发抖，就歇斯底里大发作、大辱骂的保"共"派，保皇派。

你们这群混帐王八蛋们，狗崽子们，猫崽子们！你们犯下了滔天罪行！你们出于你们的阶级本性，出于你们对党中央、毛主席和革命老前辈无比仇恨的心情，趁投入文化大革命之机，混水摸鱼，大搞阶级报复！发泄你们对党对毛主席对革命老前辈们的无比仇恨！你们到处煽妖风，点鬼火，混淆是非，制造混乱。你们借破"四旧"之名，乱查抄革命干部的家庭，进行反攻倒算。你们喊着打倒"当权派"的反动口号，毒打我们的革命干部，并利用革命群众对反革命黑帮的仇恨，到处造谣诬蔑，趁机煽动群众，想把一切当权派、各级干部、革命老前辈打成黑帮，

13

变相的体罚老干部，不让吃，不让睡，并任意地侮辱他们，进行恶毒的人身攻击。你们无耻到极点。你们明说绝食，偷吃东西，还以绝食静坐威胁老革命干部，不让老干部吃，不让老干部睡，让他们陪着你们这群混帐王八蛋。你们妄图把他们整死。警告你们，这是妄想！你们静坐吧！坐烂了屁股，那是活该，那是应该！绝食有罪！饿死活该！绝食有罪！饿死活该！

你们有你们的仇恨，我们更有我们的阶级仇，更有我们的阶级恨！旧社会是你们狗、猫娘的天下，是你们的天下，你们的狗爹猫娘喝我们的父兄的鲜血，养肥了自己。我们的父兄跟你们的狗爹娘是不共戴天的敌人。今天，伟大的毛泽东时代，今天，我们父兄缔造的今天，一切都属于我们。天是我们的天，地是我们的地。天高任我们飞，地大任我们来往，今天的太阳都为我们放着光辉。我们的父兄跟着毛主席出生入死，浴血奋战几十年，抛头颅，洒碧血，用生命闯下了江山，这个江山我们不坐，谁来坐？这个江山我们坐定了！保定了！我们的父兄是顶天立地的好汉，他们是毛主席忠诚的老红卫兵。他们跟党走的心最红，志最坚，热爱党和毛主席的心最红。他们身上有着无产阶级最优秀的品质，他们脑中有最丰富的革命斗争经验，你们和你们的狗老子最害怕他们，而我们最热爱他们，最爱护他们。为了他们的生命安全，我们愿献出我们的血，我们的生命。狗崽子王八蛋们，你们要敢动我们革命老前辈一根毫毛，我们马上跟你们刺刀见红，杀你个片甲不留。今天你们骂我们是保皇派，真是过奖！过奖！我们老不被你们骂一顿，那对我们将是终生的遗憾。我们若不被你们跺着脚、斜着眼，歇斯底里的大骂一顿，那怎么配当毛主席的红卫兵，怎么能称得上革命的红后代！

敬爱的毛主席指示我们，对我们说："一个人，一个党，一个军队，或者一个学校，如若不被敌人反对，那就不好了，那一定是同敌人同流合污了。如若被敌人反对，那就好了，那就证明我们的工作是很有成绩了。"实话告诉你们，我们仍继续准备听着你们的辱骂，你们也准备继续骂吧。不过，我们也愿奉告几句：今天的天是我们的天下，无产阶级专政的工具掌握在我们手里，你们若敢造谣生事，敢乱说乱动，我们就不客气了，到时候大刀阔斧一起杀你们个屁滚尿流！有种的，你们就来吧，来和我们较量较量。父母革命儿好汉，我们的父母是英雄，我们也一定是好汉！我们的血管里流着老一辈的血，我们的心中充满着对党对毛主席对革命前辈的无限热爱。我们的胸膛里燃烧着对阶级敌人的无比仇恨，我们革命的心最红最红！我们身受毛主席的无限希望，我们是早晨八、九点钟的太阳，世界是我们的，而你们和你们的臭狗爹娘都是不耻于人类的臭狗屎，你们要是不彻底地背叛你们的阶级，历史的车轮将把你们砸得粉碎，革命的烈火将把你们烧得粉身碎骨！警告你们混帐王八蛋们，只许老老实实改造，不许乱说乱动。

无产阶级专政万岁

只许左派造反，不许右派翻天

红后代万岁万万岁！

毛主席万岁万万岁！

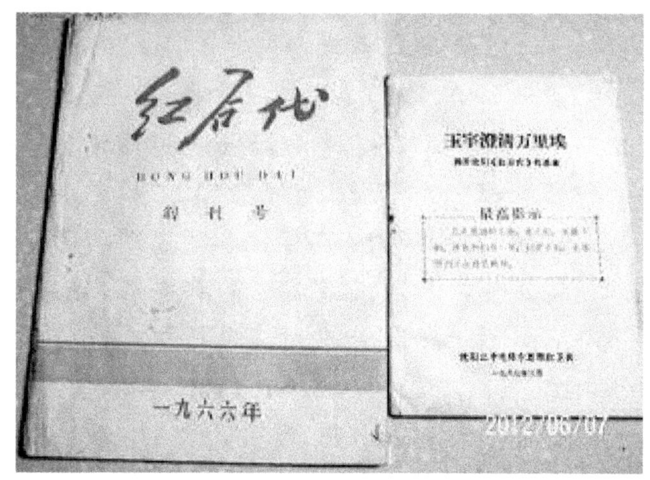

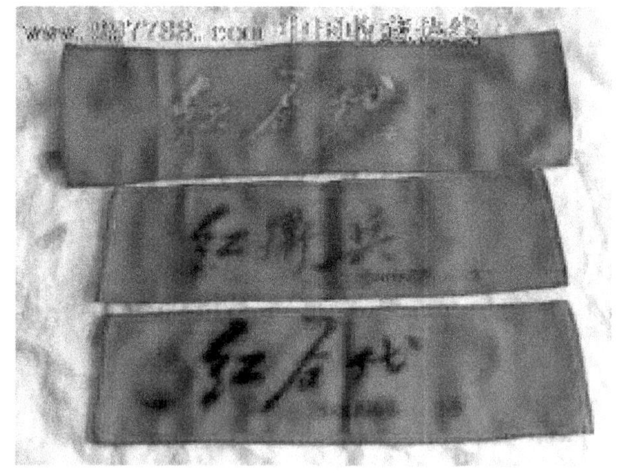

反动血统论的范文

注：这是谭力夫于 1966 年 8 月 20 日在北京工业大学关于工作组问题辩论会上的发言。谭力夫——北京工业大学三系（无线电系）学生、文革组长，北工大红卫兵总负责人。其父曾担任前北京市公安局长，国家最高检察院副院长，1960 年病逝。

刚刚这位发言的，点了我和刘京的名，既然点了将就得上台，所以我抢先发言，行吧？！（笑声）我昨天发言，有人底下跟我说："你说彭真的观点，还有人鼓掌，这不是盲目崇拜吗？"还说要写大字报。刚刚这位发言的，也问我所说的右派指谁？大概也是指所谓"彭真观点"的这句话。我愿意把这句话重说一遍，我问白之琪，你们那伙人为什么说气侯不适宜？他说："一是由于文革领导不利；二是由于工农革干子弟老说'阶级分析'，老说'阶级斗争'，别人就不敢说话了"。我说："你的意思是不是要我们压制一部分群众而发动另一部分群众啊？"他又说："啊呀，我考虑得不全面。"（笑声）本来嘛，文化大革命就是阶级斗争，为什么不能讲阶级斗争！？我看，这就是彭真的"放"！这是只准右派放毒，不准左派消毒！（掌声）就是只许右派进攻，不许左派反击！（掌声）就是只准右派翻天，不准左派造反！（掌声）就是只准牛鬼蛇神出笼，不许革命人民降妖伏魔！（掌声）让我们执行彭真的"放"的政策，罢了我的官我也不干！（热烈掌声）我昨天的话就是这么说的，今天还这么说，以后还这么说！（掌声）到底有没有右派？工大这么个烂黑窝，怎么没有右派？我看今天参加会的人就有右派。（热烈掌声）谁敢保证工大五千人里就没有右派呢？我们认为辩论会开不好，是有人捣乱。当然捣乱的人是少数。"一个游鱼三个浪，三个游鱼九个浪"，没什么了不起的。有人上台讲话很威武地说："我们不是一百人，是三百人！"你就是有五百人，那我们全校五千人怎么样，你才几分之几？百分之五还没到呢！有什么了不起的！不是右派是什么，其实这三百人中，是有不明真相的群众的。从现在辩论会上就看出阶级斗争很复杂，过去我们对阶级斗争右派势力估计不足。工大这么个烂摊子为什么平静？为什么几番骚动又下去了，有问题！你们看，现在又蠢蠢欲动了，这是实事求是的分析。工业大学就这么坚强？工大的左派就这么多？见鬼去吧！（掌声）

我上台不讲宣言，不进行自我表白。有人心虚，上来就讲参加辩论会的目的，咱就用不着来那一套！宣言管什么事？一文钱不值！（掌声）我不讲宣言，见鬼去吧！就看你的实际行动嘛。有的人，说的比唱的还好听！（掌声）其言甚辩，而其行极丑！（热烈掌声）

为什么辩论会开不起来，为什么有对立情绪？革委会在杜万荣支持下成立起来了，酝酿是不够充分。但是杜万荣不来，这些人上不了台。我们上台，这些人看了不舒服。所以你一天坐在台上，他就一天不舒服。他反正看你横不是鼻子竖不是眼！我们主持个会，要是不发言，他说你高居于群众之上，置身于运动之外。你要是发言呢，开头发言，说你划框框定调子；中间发言，说你态度暧昧；最后发言，又说你作结论。别说了！（掌声）不是要开会斗黑帮么？斗宋硕是刘京的大阴谋，斗晋军是谭力夫的大阴谋，他说你是为了转移群众的视线。你要是不斗黑帮，他又说你放弃了主攻方向！撤你的职，罢你的官！怎么办呢？

（有人喊："让他们发言！"）我看少奇同志讲得对，只有我们下台让他们上台。再说开辩论会。不开吧，他说你心里有鬼，不运用四大，不敢发动群众；开吧，不上台，又说气侯不好，说老讲阶级斗争，溜之乎也。这种人，就是会躲在暗角里，吐几口唾沫吹吹阴风，登不得大雅之堂。也不过是跳梁小丑！（掌声）回忆回忆，出了一个好汉叫郑志强。（笑声）我们给他鼓掌。（掌声）其他人都是草包，软骨头！都是醋缸里泡出来的软骨头。（热烈掌声）只配夹着尾巴过日子。（热烈掌声）大将一名，叫做吴钊，给三系点了一把火。可是上台来，讲了十五分钟，十分钟的开场白，五分钟论据，虚晃一枪，下去了！你说没辩论吧，上台了。你说观点吧，他不讲。（笑声，掌声）刚刚又上来一位大将叫做张晋民，不讲别的上来就念别人写的大字报，说什么工大有没有群众斗群众，可到北大调查！莫名其妙！（笑声）这是什么问题？我只知道主席教导：要想知道梨子的滋味，得亲口尝尝梨子。没听说吃了苹果就能知道梨子滋味的！（大笑掌声）莫名其妙！这是什么问题？我们是土包子，脑子死，我们是山沟里出来的，说话粗。

辩，又不辩；不辩，又辩。只派几个小卒子在台上晃，就是拖，他们在底下搞的什么鬼？怀的什么鬼胎？要生什么鬼儿子？！（热烈鼓掌）有人不讲，说材料准备还不充分。"十大罪状"，一个月前就出来了。我就奇怪，结论怎么出于搜集材料之前呢？（大笑）这些同志们，或者暂时叫他们同志们，喊毛泽东思想最响的人，怎么竟不照毛泽东思想办事呢？你们快不要糟踏你们手里的语录本了吧！（热烈掌声）你们不配！

有人说我和刘京在昨天的讲话，是犯了大罪，竟敢不按十六条，而另给群众划框框。我们原来想，讲或不讲反正都得得罪人，干脆，还是讲。我们划什么框框了？不是讲了主流和支流，全局和局部的问题吗？刚刚这位发言的，还要求别人对他们的看法，要注意主流和支流，为什么你就可以说，你就行，我们说就是划框框，这根本就不平等！（掌声）刚刚有同志给我递条子，说有的人，使劲记我的讲话。同志们，不要紧，让他记，我还得照样讲。共产党人是襟怀坦白的！（热烈掌声）

关于曲钟援的辩论会上，有人在台下喊要"罢刘京的官！"有的同志上台来说："谁敢动以刘京为首的文革一根毫毛，就和他拼命！"会后有人说："刘京听了鼓掌了"。但是据我所知，要求罢刘京官的人讲话刘京也鼓掌了。你怎么看不见呢？不鼓掌，他说你冷若冰霜，鼓掌他又说你带有倾向性。我看是你自己带有倾向性！同志们请你们记住这样一个格言："偏见比无知离真理更远"！（热烈掌声）根本有人醉翁之意不在酒。有人反问什么是醉翁之意不在酒，我还没来得及回答。他们老拖时间，算什么？就是有这种人，我们明明知道有人手里有厚厚的一叠材料，为什么不上台讲讲，还说需要调查。你还调查什么？从工作组刚一进校你就作记录了，你还调查什么？他逗一逗，讲一点，这是为什么？明明在他心里的那个黑角落里，还有他自己的私货！（热烈掌声）

我们辩论，目的是为了总结工作，更好地扫除一切牛鬼蛇神。牛鬼蛇神怎么会关心扫除他们的方法呢？（掌声）我和刘京昨天只讲了两条，还有第三条保留了，王明环讲了出来，就是，斗了左派还是右派？是革命群众还是牛鬼

蛇神？（掌声）老实说，罚不当罪的极少。（热烈掌声）
我们现在总结经验，为了今后更好地集中兵力，解决主要
矛盾，长长知识，各个击破嘛。饭要一口一口吃，路要一
步一步走。敌人很多，我们打完一个打一个，呼呼地一扫，
扫不干净。（热烈掌声）党中央文件明文规定：真正的右
派要放到后期酌情处理。（掌声）在这里辩论，是总结经验，
是为了今后更有力地斗这些人！（热烈掌声）他们怎么会对
这个这么关心？怪事！他们根本不能理解我们的心情。他
们说我们怕辩论，我们怕什么？马列主义，毛泽东思想具
有强烈的阶级性，你会念语录，可是你念的语录倒帮了我
们的忙。（大笑）是不是？同志们。（群众：是！热烈鼓掌）
同志们，这是个最朴素的真理。毛泽东思想要是能用来打
革命群众，那还叫什么毛泽东思想！（热烈掌声）

怎么能叫这些人没意见？我们下台，你们上台。当然，
你们不作出样子来，看来我们也不下台。（大笑掌声）有
人说我们有的同志不敢领导了，我才不理这一套！我反正
权力还在手，我就敢骂人。骂完了，我挺着肚子，像个无
产阶级的样子下台。下台也不能软骨头，不能像狗熊一样，
不能给无产阶级丢脸！（热烈掌声）

你们要辩论我们给你们讲台，给你们准备扩音器，要
会场给你们会场，要听众给你们组织听众，你们还要怎么
样啊？！你们又不敢上台，你们再不上台，运动可要往前
走了！

有人对三大任务根本不感兴趣。正如王明环说：你说
自己心中只装革命两字，怎么上台来净散发个人主义的臭
味儿？运动已经拖了一个星期了，得出什么结论了呢？革

命的同志心如火焚。有人说我们抢话筒，打断人家讲话等等。因为我们看不惯你那一套，就是要夺话筒。（掌声）少奇同志说：半年不上课。白吃饭，让我们干什么呀？（群众：干革命）是让我们干革命的，不是来扯皮的！（热烈掌声）吃着人民给的饭，穿着人民给的衣，住着人民建造的高楼大厦，你们整天想什么？你们认为可以拖，下星期可能干脆不出面。搞舆论准备，你们准备什么？有人要把运动引向歧途，我们决不答应！（掌声）没办法，立场不一样，结论就很不相同。（掌声）有人对黑帮不恨，彭真的"重在表现"给他那么多甜头，怎么恨得起来？可是，对工作组，对一些老革命同志，却恨之入骨。对工作组比斗黑帮还带劲。知道哪一个干部犯了错误，就高兴得不得了，大有雀跃之势。看着共产党的干部犯错误，你高兴什么？！他妈的！（有人喊：骂得好！热烈掌声）

一讲阶级路线，他们也来讲几句。怎么配呀？！（掌声）说起阶级路线，我们是"既得利益者"。同志们，举一个例子，很简单：翻身贫农的儿子和被斗地主的儿子，谈起土改来，怎么会是同一种心情？！（热烈掌声）同志们，这就叫"阶级烙印"。看到杜万荣为首的工作组撑我们的腰，"土包子"上台掌了权，有的人在底下骂我们。我们是知道的。他们在底下的磨牙声音我们都听到了。（笑声，掌声）我们认识杜万荣，就从这一点开始，也将由这一点达到结尾。（掌声）这一点就定性了！（热烈掌声）事情一定了，你就是说得天花乱坠，我也是喜欢杜万荣！（热烈掌声）老杜进校才一天，给我们做的第一个报告，给我们留下了极其深刻的印象。（掌声）老实告诉大家，那天很多同志哭了。那些崽子们怎么能理解？那天，我们第一次在工大听到了我们在家里才能听到的话，第一次感到工大像个家的样子了。我们说一声：党的阳光，毛泽东思想的阳光，从此照进了工大。（共产党万岁！毛主席万岁！热烈掌声）那些被打翻在地的人，那些从此感到前途渺茫的人，那些从此感到自己的弟弟妹妹，自己的家庭在政治上都没有了希望的人，怎么能和我们有同样的感觉，怎么能和我们有同样的语言？这就叫"阶级烙印"！（热烈掌声）有人说，学生不能老说什么"阶级烙印"。还有人说，我们都是知识分子，都是小资产阶级范畴，而且还引经据典的说什么这是毛主席的"阶级分析"。把主席在二十年代讲的，拿到六十年代来了！那怎么行？毛泽东思想的活的灵魂，就是具体问题具体分析。大地主、大资本家专政下的知识分子和无产阶级下的知识分子，怎么能还是一样？"你是贼，我也是贼。"这是什么逻辑？（笑声）解放前有这么多工农子弟上学吗？那时有什么革命干部子弟吗？（笑声）这种人对主席的书简直是狗屁不通！（笑声）有人说，我们都是知识分子，对待我们都应该实行对知识分子政策。都像对老教授那样？！（笑声）知识分子的队伍在不断变化，对待知识分子的政策也在不断发展。如果大家都一样，什么时候有我们无产阶级的知识分子队伍？要区别对待。家里人就是家里人，家外人就是家外人，不能混为一谈。（掌声）

开关于阶级路线的辩论，不来参加，表示"罢会"，这才是真正问题的核心。我们认为，杜万荣之所以好，第一条就是好在这里，有的人之所以认为他"坏"，也就"坏"在这里。董舒的大字报论点没驳倒，这问题早就有了，但没抓住。为什么核心问题要回避呢？董舒不是说：

前一段运动冷冷清清的根本原因，在于杜万荣实行了"左"倾关门主义的阶级路线。一语道破实质！有人说我和刘京的大字报反动，篡改了党的政策，要把我们的大字报批倒、批透、批臭。跟你们吹个牛吧！关于阶级路线的问题，你们来一百人，我一个也能对付！（掌声）老实告诉你，我们的根子硬！我们的根子在哪？（群众：毛主席！）你看，这还怕什么？（大笑，热烈掌声）老实说，我们在修正主义的学校，上了几年学，火气已经小多了。比起我们的小将来，差多了。回家弟弟妹妹批评我们都有点修味儿了。可是，听了我们的话，你们还嫌扎耳朵。我们的小将还没来呢？小将来了，就该把你们吓死了！（大笑，热烈掌声）

我说了很多话，可能有错误，请大家批判。但是，中心一个意思，我是要革命的。要革命的过来，不革命的滚蛋！（掌声）有人说，这不是毛泽东思想，不利于团结，这是断章取义。我们要革命，有人不让。他不革命也不许别人革命。比如开辩论会的问题，那我们只好让他滚开。（掌声）我们的运动不管出现多少曲折，都是要照样向前发展。该扫到的，还是要扫到。（掌声）我们做到仁至义尽，给你们辩论台，给你们麦克风，给你们时间，给你们群众，你不讲，那我们就往前走了！（掌声）无产阶级总不能让你们牵着鼻子走！(热烈掌声)

老实告诉你们吧，你们给我们准备的几顶"帽子"，还是还给你们。你们的"帽子"戴不到我们的头上，我们头上有蓝天，有红太阳，而你们，是蝙蝠！（大笑，热烈鼓掌）群众的眼睛是雪亮的。真理是不靠嘴皮子说出来的，它是客观存在。你在底下准备了多长时间，拿着一叠稿子在那里念，而我毫无准备，上来就讲，信口开河。（掌声）

　　同志们，工大的阶级斗争要找到现象，要找到根子，在我们工业大学阶级斗争到底尖锐不尖锐？（群众：尖锐！）复杂不复杂？（群众：复杂！）严重不严重？（群众：严重！）要想这些问题。运动拖了一个星期了，这是怎么回事？要不，别人牵着你走，人家宰了你，你都不知道是怎么回事，糊里糊涂地过日子，应该想想这些问题。不能糊里糊涂地过日子，为什么？前途是什么？要想一想，成天该睡觉的睡觉，该吃饭的吃饭，像那些人（指着游泳池）还有兴趣游泳。（笑声）就是不愿想大问题，世界上的事情是复杂的。我们应响应主席的号召，要关心国家大事，世界大事，不要忘记阶级斗争！要把无产阶级文化大革命进行到底！（掌声）希望大家好好想想，身边的人身边的事，串起来想，有人反对阶级分析的观点和阶级斗争的观点。列宁教导我们，要从纷纭复杂的社会现象中理出个头绪来。只有运用阶级分析和阶级斗争的观点，没有这个观点，就是一个盲目的人，就是一个糊涂虫！

　　我校运动怎么搞？今后我们怎么走？（群众：按毛主席指引的道路走！）对！要冲破重重迷雾，跟着主席在大风大浪里前进。现在迷雾还不算多，我们要有充分的思想准备，要准备在群众的泥巴里打千百万个滚，摔了跤，爬起来，又摔了，再爬起来，心中要有一个"敌"字。我们的运动还没有摔过大跤呢？我们现在有的人，一天就是吃吃喝喝，说说笑笑。工农革干子弟们！我们的父辈可不是这样生活的。我们都二十好几了，我们的历史从哪里开始？就从现在！（热烈掌声）若干年后，当你白发苍苍的时候，后辈们问你："震惊世界的无产阶级文化大革命是怎么搞的？你当时是如何参加的？"我们一红脸，对孩子们说：

"我虽然不是右派，也是个中间偏右的。"（大笑）同志们，我讲话不好听，山沟沟里出来的土包子，说话粗鲁。但是，我爱讲老实话。

有的人不爱讲老实话，"老子反动儿混蛋"。我们说："老子反动"，不要把"反动"扩大到非无产阶级家庭。你们说："这话好乖巧呀！"这不是明显的挑拨是什么？！我们必须揭露！（掌声）有人大讲什么"平等"，"博爱"。在阶级社会中，哪里有什么"平等"，"博爱"？我们有许多哥哥姐姐小弟弟小妹妹，刚一出世就惨遭敌人的杀害，叫做斩草除根！（静场，群众呼口号：牢记阶级苦，不忘血泪仇！）现在，我们对你们的老子专政，实行了仁至义尽的改造政策，给他们重新做人的机会，他们的子弟可以上学，表现好的还可以入团、入党。你们还要怎么样？你们现在搬出这套"平等"，"博爱"的垃圾来大讲，我看还是到厕所里去讲！（热烈鼓掌）一讲就是团结，怎么团结？斗争中求团结。先把你们斗了，七斗八斗，斗得你们背叛了家庭，改造了思想，我们就团结了。（掌声）拿块糖，哄你来干革命？有人说要讲究策略。该孤立的先孤立，孤立完了，看有可能团结了，再团结。我看这就是最大的策略！（掌声）我们这里只有百分之二十的工农革干子弟，刚搞了这么几天，就有人嚷嚷过"左"了。修正主义统治了六七年之久，我们才几十天，这力量对比太悬殊了。这么短的时间，老实说，我们还没来得及犯错误呢！（掌声）我们还没有充分发动，而且，我们自己的组织还没有成立，是不是？（群众：是！）不要着急，同志们！该诞生的时候自然就诞生了！（热烈掌声）反"左"？怎么

关心党的政策？你们离毛主席比谁都近，从哪儿够得着脚呢？（掌声）

阶级路线问题是个焦点问题。以后还是得大谈，有不同意见的，请上台来谈你的高论，不愿上台的可以下面开小会谈，不愿意谈的可以写大字报。总之，希望能说出来，在讨论中和辩论中，我们共同进步。本来是阶级社会，不让讲阶级，不行！当老百姓时要造反，当了官还要造反！以后当上当不上？我们努力争取，反正要造反！（掌声）君子坦荡荡，有话当面讲。（掌声）我就敢说。无产阶级，两个肩膀支着一个脑袋，没有坛坛罐罐，怕什么？无产阶级的战斗风格，就是刺刀见红。我们端着枪要对刺，心里急得像揣着一个兔子，你们围着树绕圈子，跑得像一个兔子！谁是英雄？谁是狗熊？不是看得清清楚楚么？（掌声）无产阶级天下坐定了！

有人说："工作组的遗毒未消"，"工作组的阴魂不散"，我看是修正主义的遗毒不消，是彭真的阴魂不散！工大不彻底改造不行！我们说这个学校太烂了，我们不要它！我们出去和工农兵结合去！你们敢么？（群众：他们不敢！）说到高考制度的改革，有人躺在被窝里哭，打碎了毕业分配的美梦说："贯彻阶级路线我的前途完了，我家庭的前途完了！"这十七年对你们也太宽宏大量了，你那个家还不完？早就他妈的该完了！（热烈掌声）我造反是造定了，骂也骂了，人也得罪了，我就是这样的人。（掌声）但是有毛主席给我们做主，有革命前辈给我们撑腰，有亿万工农兵和我们一起战斗，我们准备在群众中滚它千百个滚，爬起来，洗干净，再前进。在斗争中我们扔掉的是修正主义毒素，我们得到的是无产阶级的斗争性！（掌声）我们得到的是无产阶级专政的天下！（热烈掌声）有人说共青团要打烂，连党也算上，该砸烂的就砸烂！（掌声）连这个学校我看都得砸烂！（热烈掌声）没有什么了不起的。有人老习惯于翻本本，找条条，都等中央指示，还要你"首创"什么？我看只有工农革干子弟有这个胆量，有这个本事，你们其他人谁敢？（热烈鼓掌）看来还是"老子英雄儿好汉"。（群众：老子反动儿混蛋，基本如此！热烈鼓掌）说到这副对联，我又想起，有人老爱强调大多数，说我校百分之八十是剥削阶级家庭出身的，得听大多数的。毫无阶级分析，到劳改队里谁是大多数，我倚靠谁，简直一窍不通！在工农当政的国家里，工农基本群众占百分之九十以上，但是他们的子女在大学里却只占不到百分之二十，你怎么不说这个大多数呀？！这是个阶级感情问题，是个阶级立场问题。一提到阶级路线，大家都喊万岁！天底下没有这样的怪事，无产阶级喊它万岁，资产阶级也喊它万岁！我活了二十几岁，我没见过，我爸爸活了几十岁也没见过！（笑声）有人说百分之一错也不能说好得很。世上哪有完美无缺的东西？世界上没有百分之百正确的东西。就是毛泽东思想，也还要不断发展，必定还要不断有所发现，有所发明，有所创造，有所前进！（掌声）搞这种怪论点的人，大概连他们自己的存在也给否定了。（笑声）这种人是虚无主义。说得好听，说是"高举毛泽东思想伟大红旗"，可是举着红旗干什么呢？（群众：反红旗）打着红旗反红旗，最后露出白旗。"旗帜白"，白之琪，反正是白旗。（大笑）有人跟我讲什么黑格尔，费尔巴哈，我不懂那一套，我只知道毛泽东！（热烈鼓掌）同志们！

我提个严肃问题，以后我们运动如何搞，希望大家认真考虑，群策群力，我们相信，我校大多数人是要革命的，也是可以革命的。我诚心诚意说这句话，正因为这样，我们才搞文化大革命嘛。团结要讲，我们讲两种团结，第一种是核心力量的团结，没有这种团结，而空谈大多数，那就是右倾，就是陈独秀的路线。有了核心的团结，还要有外层，再外层，直到一切可以团结的力量，这叫第二种团结。只讲第一种团结，不讲第二种团结，那就是左倾，就是王明的路线。一定要做好团结中间的工作。但是没有第一种团结，我们不打几个胜仗，中间派还瞧不起我们。那就谈不上什么团结。从某种定义上来讲，我们加强阶级队伍的组织和团结工作，正是为了更好地争取中间，团结大多数。主席在七大曾讲过这么个意思，中农小资产阶级等是中间的、动摇的。他隔着窗户一看，屋子里无产阶级没有几个人，他就该说："我老婆有病，孩子没人管，牛还没有喂呢！"如果他隔着窗户一看，无产阶级的队伍很整齐，再打它几个胜仗，好，你不用去请，他自己就来了。这回，他老婆也没病了，孩子也放心了，牛也喂过了。（大笑）同志们！真的就是这个道理。有人讲什么"平等的团结"，什么"不分高低主次"，意思是"你不团结我，我还不团结你呢！"这种人一边去吧！他都不承认无产阶级领导地位，怎么可能诚心诚意跟我们闹革命。（掌声）你们还要他干嘛！？

同志们，我校运动怎么搞，搞成什么样，可全靠大家了。靠大家出主意，想办法。工业大学有特殊校情，对这个烂摊子估计不足，我们就要犯极大错误。从我们系、我们班，从我所接触的同学中，确确实实看到，要革命的，可以革命的是多数。许多出身不好的同志，表现很好，使我很受感动。革命的更要革命，不太革命的要革命，不革命的别捣蛋，反革命就叫你完蛋！（热烈鼓掌）言多语失，有错误请大家考虑。怎么看我们周围这些活人，他们和我们呼吸着同一空间的空气，却可能想着两样心思。同志们如果头脑不清醒，我们就要吃亏了，上当。我希望大家想一想，有人空喊高举毛泽东思想伟大红旗，我看具体化，第一条就是坚决执行党的阶级路线。阶级和阶级斗争的学说，就是毛泽东思想的精髓。（群众：党的阶级路线万岁！）一切革命同志：让我们携起手来，把无产阶级文化大革命进行到底！（热烈鼓掌）

（4）母校乱象

文化大革命的开端源于党中央发出的《五一六通知》，从那时起，祸乱全国的文革运动就全面展开了。

1966 年春天，正在实验中学读书的我和同学们就感到大形势正在发生变化。全国深入开展了大规模的文化革命史学革命，对吴晗的《海瑞罢官》《海瑞骂皇帝》进行严肃批判；对田汉的《谢瑶环》及孟超的《李慧娘》（鬼戏）严加批判；对许多以前肯定的历史人物如史可法、李秀成等也被否定批判；对邓拓的《燕山夜话》、邓拓、吴晗、廖沫沙合写的《三家村札记》进行上纲上线的批判。学校陆续组织同学到电影院观看应被严肃批判的《兵临城下》、《舞台姐妹》等影片，回校后组织各班级进行讨论批判。

进入 5 月份，学校召开了"声讨邓拓反党反社会主义大会"，各年级同学代表纷纷上台发言，愤怒声讨批判邓拓，并高唱"声讨邓拓"的歌曲：青年们，团结起来，共同声讨邓拓，拿起笔杆干革命，高举毛泽东思想红旗！

学校组织同学们必须认真学习"两论两评"即：解放军报社论："高举毛泽东思想伟大红旗，积极参加社会主义文化大革命"和"千万不要忘记阶级斗争"，姚文元的"评三家村"和戚本禹的"评《前线》、《北京日报》的资产阶级立场"。同学们纷纷议论，邓拓他们开办的"三家村"黑店肯定有后台老板，能是谁呢？有些高干子女从家里探听到信息：是彭真、罗瑞卿、陆定一、杨尚昆。消息一传开，大家都吃了一惊，这些身居高位的人，居然会反党反毛主席，阶级斗争也太复杂了。

5 月底，学校宣布，由于文化大革命，取消期末考试。这样一来，大家太高兴了，没有考试压力，都积极响应号召，参加运动，听广播，看报纸，写大字报。老师没心教课，学生也没心学习，那真是一段自由散漫时期。

6 月 1 日，中央人民广播电台播出了北大聂元梓等七人写的被毛泽东称为第一张马列主义的大字报，如同惊雷，震响了华夏大地，搅动了所有人的心，文革运动迅速展开。6 月 8 号，学校正式停课，全校师生卷入文革浪涛。那时的教学楼走廊里，两边墙壁上挂满了大字报。同学们争先恐后地争论、书写大字报，矛头指向许多从旧社会过来的老教师；揭发批判校领导执行的资产阶级教育路线。

6 月下旬，省教育厅派来工作组进驻学校指导文化革命，校领导们都靠边站了。旧的秩序被打乱了，新的秩序还没有建立起来。

从 1966 年 6 月 8 日，学校停课闹革命起，千千万万的中学生就如同鱼入大海，鸟飞蓝天，没说没管，无拘无束，以革命的名义，得到了自由。从那时起到两年后的秋天，应该是他们难忘的"好时光"。

从北京传来的消息，令人激动。清华附中"红卫兵"发出的"无产阶级的革命造反精神万岁"、"再论无产阶级的革命造反精神万岁"、"三论无产阶级的革命造反精神万岁"，用辞犀利，文锋雄健，让很多人热血沸腾；革命无罪，造反有理。从北京传来的反动对联："老子英雄儿好汉，老子反动儿混蛋，基本如此。"更是亢奋了一些信奉血统论的干部子弟们，他们效法北京红卫兵，成立了沈阳"红后代"，在学校教学楼大门口两边，贴出了复制的反动血统论对联，在几个红后代掌权的班级里，对他们认为出身"不纯"的同学施以暴力侮辱；对出身"不好"的老师勒令改名，如"祖良"改为"祖恶"；对被他们视为"反动教师"的老师戴上纸高帽，上书：反党反革命分子。让他们一手持破脸盆，另一只手拿一截粗树棍敲打脸盆，边走边喊：我是牛鬼蛇神，我反党，我该死……在学校斗一圈后，又逼这些有多年教龄的老师到离校不远的教师住宿区游街，让他们受尽凌辱，颜面扫尽。

学校成立了文化革命委员会，学校也改名叫"毛泽东主义学校"。供同学外出串联的介绍信上盖着大印：毛泽东主义学校文化革命委员会，介绍信下款打印：原辽宁省实验中学。学校成立了"红后代"、"红卫兵"组织。学校领导都靠边站，校领导办公室里坐着在文化革命委员会里掌权的学生。运动了，翻天了！

在反动血统论最猖獗的日子里，发生了至今大家都不愿意提起的"八二六"事件。那天，一些不可一世的红后代骨干分子，绑架了三名老师和两名同学，拉到学校大礼堂的舞台上进行批斗，闻讯赶去的很多同学站在下面观看。几个红后代穿一身绿军装，腰扎皮带，臂戴袖标，手里抡着牛皮带，高声喊："狗崽子滚右边去！"舞台上，两个同学和三个老师跪在地上，几个红后代用皮带抽打他们，有一个男生把脚踩到跪在地上的女同学背上，边抽打她边怒喊："对你们这些资产阶级狗崽子，必须打倒在地，再踏上一只脚，让你们永世不得翻身！"

当然，这些极端摧残人性的理论和做法不得人心。很快，随着批判反动血统论、批判资产阶级反动路线的进行，"红后代"逐渐消失，烟消云散了。

第二章 全国串联

经历过文化大革命的人，特别是出生在 1940 年-50 年前后的人，记忆里最为深刻的，大概应该是基本上都参加过的革命大串联。

从 1966 年 6 月 8 日，全国各大中专院校开始停课闹革命开始，长年被束缚在校园里的青年人，心里和身上都如同长出了翅膀一样，飞出了校园。

刚开始的两个月里，还只有少数学生有"资格"（出身红五类）、有胆量闯到社会上，闯出本地本市，到北京去。"八·八"，"八·一八"，"八·三一"毛泽东多次接见革命师生、接见红卫兵代表以后，离开本地奔赴北京的人越来越多。特别是周恩来总理 8 月 31 日在毛接见外地来京革命师生大会上的讲话里明确提出："现在，全国各地的同学到北京来交流经验，北京同学也到各地去进行革命串联。我们认为，这是一种很好的事情，我们支持你们。中央决定，全国各地大学生的全部和中学生的一部分代表，分期分批到北京来。本地的学生，和外来的学生，要在共同搞好文化大革命的原则基础上，加强革命的团结。有问题，有不同意见，要用调查研究、平等协商的方法来解决。大家都知道，各地方各单位的文化大革命，都要依靠本地本单位的群众自己来干，才能真正搞得好，搞得彻底。我们相信，全国大串联的革命行动，一定能够有力地推动无产阶级文化大革命深入发展。"从这时开始，大串联就如同决堤的洪水一样，奔腾呼啸的席卷了华夏大地，而且持续了几年。

对所有血气方刚的年轻学生来说，参加全国大串联真如鱼入大海，鸟飞蓝天，那种自由自在、无拘无束的感觉太好了！要知道，那时的大串联是乘车不买票，住宿不花钱，全国各地都设立了革命师生串联接待站。任何人都不许也不敢对这种几乎是无政府主义的现象提出疑问，更不要说抵制了。本人有幸和大家一样参加了大串联，体验颇深。

那时你可以身无分文走遍全国，吃饭没有钱怎么办？没关系！只要你在接待站凭自己的学生证或介绍信写一张欠条，就可以领到饭票在接待站食堂吃上饭。（可能所有的欠条日后都一把火烧掉，由政府买单了）无论是在一个城市里乘电、汽车，还是在各城市间乘火车，都只需凭学生证或介绍信在接待站就能领到乘车证或火车票。本人手里就保留着许多当时使用过的乘车证和火车票。如："外地革命师生临时乘车证——北京汽车、电车通用"，"革命师生串联乘坐火车证——上海-北京"，"革命师生离京临时乘坐火车证——自北京站至上海站"，"外地革命师生来郑免费乘车证——河南省会革命师生接待站制"等。多数票、证后面都印有毛主席语录，也有的票、证后面印有："本证只准进行串联的革命师生使用，不得转让"。

我在学校时就对历史、地理有浓厚兴趣，一直自费订阅《地理知识》、《航空知识》及载有历史知识和历史典故的书籍（那时没有专门的历史知识杂志）。我一直幻想能走出校门，游历那些山川名城，开拓视野，增长见识。

党中央号召我们走出校门，投入社会，参加革命大串联，这真是太让人激动了。

金秋十月，我和几个同学一起，告别了父母，踏上了串联之路。急于参加文革运动、了解全国各地文革运动情况的心情使我们在串联路上的大部分时间都用到去所到城市里的著名大学看、抄数不清的大字报，（那些手抄的大字报有几本我留存至今）。其次才是游赏各地的人文景观。（现在想起来，才觉得那时的学生真是清纯得发傻）

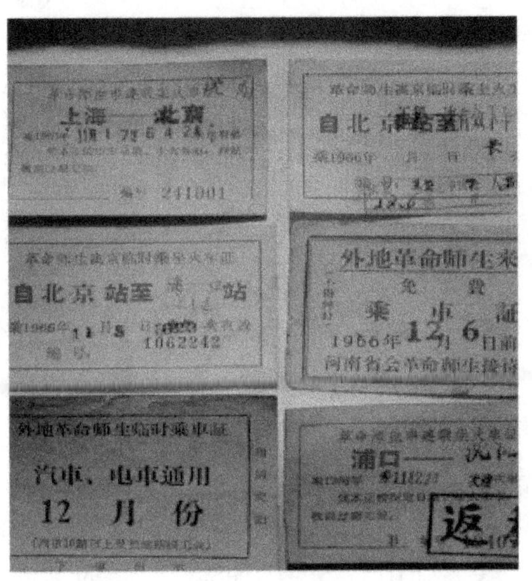

（1）天津

我们到的第一座大城市是天津。天津距北京只有 120
公里，它是拱卫京畿的要地和门户。下车伊始，我们就直
奔南开大学而去。始建于 1919 年的南开大学在抗日战争
时与北京大学、清华大学在昆明组成了举世闻名的西南联
合大学。从这所大学里曾走出了周恩来、陈省身、曹禺等
著名人物。走进南开大学，扑面而来的就是炽热的文革大
潮。一眼望不到头的大字报廊里贴满了大字报。最引人注
目的就是大量的彻底批判以谭力夫为代表的资产阶级反动
路线的大字报。可见谭力夫讲话的流毒之广，已经遭到了
绝大多数人的抵制和批判。看到这些，心情兴奋不已。离
开南开大学后，我们就前往天津市的闹市区如劝业场等地

游历，天津的传统风味食品确实美不胜收，如：号称"津门三绝"的"狗不理包子"、"十八街麻花"、"耳朵眼炸糕"，大福来锅巴菜，白记水饺，曹记驴肉，芝兰斋糕干等。我们都甩开腮帮子造，真是大饱朵颐。

（2）济南

离开天津，直奔济南。济南是山东省省会，是著名的"泉城"。从《地理知识》中我知道，济南有七十二泉，著名的有四泉：珍珠泉，黑虎泉，金线泉，趵突泉。亲临之后感到济南泉城确实是名不虚传，留下很深印象的就是闻名的趵突泉。趵突泉位于济南市区中心的趵突泉公园内。它南靠千佛山，北望大明湖，名列济南众泉之冠。它是具有中国南北方园林艺术特点的最有代表性的山水园林。趵突泉泉池东西长三十米，南北宽二十米。泉四周有大块砌石，环以扶栏，可凭栏俯视池内三泉喷涌奇景。我向园内老人请教济南何以能有众多清泉，老人说：济南四周环山，山上的石头都是石灰岩，石灰岩中有许多缝隙，雨水浇灌后便顺着倾斜的石缝流入低处的济南。济南的地下则是岩浆岩，岩浆岩结构密实，挡住了水流的去路，所以就沿着济南地下的各处裂缝喷涌而出，形成了令人赏心悦目的喷泉。

当然，下了火车以后，我们的首选目标还是山东大学。山东大学是 1901 年（清光绪 27 年）清政府在济南创立的官立山东大学堂，在国内是学科较齐全的著名大学之一。在山东大学校园里我们在数不清的大字报前久久停留，抄呀写呀。大字报的内容除了彻底批判资产阶级反动路线外，更多的是炮轰省、市委，揭发、批判谭启龙（山东省委第一书记）的错误、罪行。

（3）南京

离开济南后，我们乘火车直奔南京。火车开到南京对面的浦口就停下了。原来浦口与南京隔长江相望，那时南京长江大桥还没有建成，火车开到浦口必须搭乘轮渡过江。对我们几个来自北方的孩子来说，火车开上轮船渡过长江而乘客仍坐在火车里，真是太新鲜了。当渡轮载着火车渡过长江时，我们都兴奋地站起来向车窗外张望。现在想想，在长江上多修建几座长江大桥真是太有必要了。那不仅畅通了南北交通，而且使祖国大地融为一体。想当年，在国共战场上连战连败、被毛主席指挥领导下的三大战役打得丢盔卸甲的蒋介石，就曾经幻想与共产党划长江而治。而文革时的万里长江上就只有武汉长江大桥一座，那还是在苏联专家的协助下由我国著名桥梁专家茅以升为主设计，在 1957 年建成的。文革时的南京长江大桥正在建造之中。文革后我参加工作曾多次到南方出差，当然都是乘火车从各座长江大桥上通过，每当火车过桥时，我都会浮想联翩，追忆当年，感慨一番。

南京古称金陵，是我国著名的古都。早在公元 229 年三国的吴主孙权称帝，就建都于南京。之后的吴、东晋、宋、齐、梁、陈合称六朝，均以南京为都（当年称建康），故南京又号称"六朝古都"。公元 1368 年朱元璋在南京称帝，开启了大明王朝三百年基业。辛亥革命后的 1912 年，孙中山就任中华民国临时大总统，仍以南京为首都。而蒋介石统治中国的大部分时间里都是以南京为首都（抗日战争期间，曾迁都重庆）。

能到这样一个拥有悠久历史的古城串联，我盼望已久。同样，我们一下火车，就直奔南京大学而去。南京大学历史悠久，创立于 1902 年，时称三江师范学堂。蒋介石统治时期为国立中央大学，国立南京大学。蒋介石曾任校长兼永久名誉校长。我国著名地质学家李四光曾在 1932 年担任中央大学代校长。中华人民共和国建立后的 1950 年更名为南京大学。我们对南京大学感兴趣的一个重要原因是文革初期的《人民日报》就点名批判了时任南京大学党委书记兼校长的匡亚明，称其为推行修正主义教育路线的黑典型，是混进党内的走资本主义道路的当权派，是反革命修正主义分子。称揪出匡亚明是无产阶级文化大革命运动的伟大胜利。（文革后的 1978 年，匡亚明复出重新担任南大党委书记兼校长。有这样一种现象：文革时各地被揪出来批斗打倒的各级当权派，文革后基本上都官复原职。而一些文革时荣任各级革委会当权派的人往往在文革后就销声匿迹，杳无音讯了。）我们在南京大学串联学习时，看到了许多系统批判匡亚明罪行的大字报，同时看到了更多的揭发、批判、炮轰江苏省委、南京市委的大字报，矛头直指省委书记江渭清、南京市委书记彭冲。

离开南京大学后，我们尽兴地游览了古都南京。南京的文化积淀太深了，它深深地吸引了我。我们怀着极为崇敬的心情瞻仰了中国民主革命的先行者孙中山先生的陵墓——中山陵。

　　由于明孝陵与中山陵毗邻，我们就先游览了明太祖朱元璋和马皇后合葬的明孝陵。历经三十余年修建成的明孝陵，是我国现存最大的古代皇家陵寝之一。其建筑规模之宏大，石刻艺术之精美，体现皇家威严气势之格局都深深影响了明、清两朝诸多帝王陵寝的形制。可惜在咸丰年间，明孝陵的地上木石结构建筑大多毁于清军和太平军的争战炮火之下，现仅存下马坊、禁约碑、碑亭中壁、石象路、方城明楼下部等砖石建筑。明孝陵虽然在 1962 年被国务院宣布为国家第一批重点保护文物，但在国内并不知名，南京地方上也没有对已经残破不堪的陵园进行有效的维修保护。所以，当我们走进明孝陵时，即没有看到如北京故宫、沈阳东陵北陵那样的恢宏建筑，也没有看到对残存文物的详实介绍。明孝陵正门的大金门，顶部的琉璃瓦全都没有了，墙上的红漆皮几尽脱落。走进三个黑漆漆的大门洞，陵园里到处可见散落在杂草丛中的残碑碎瓦，好不凄凉。好在神道中段的石象路保存得相对完好，让人依稀感觉到当年的壮观。石象路两侧相向排列了十二对石兽，分别是狮子、獬豸、骆驼、麒麟、马、大象六种，计十二对，二十四个，每种石兽两跪两立，夹道迎宾。再往前走，当年的文武官员石象多已破损，大概都在战火中慷慨殉国了。明太祖朱元璋和马皇后的遗骸下葬于地宫"宝城"，这是一个直径约四百米的圆形大土丘，下砌巨石，上砌明砖。南面石壁上刻有"此山明太祖之墓"几个大字。综观明孝陵，远不如沈阳的努尔哈赤东陵和皇太极北陵大气壮观。然而，它是开先河之作，意义非凡。后来的皇帝们无不采用了明孝陵的形制，只是更加发扬光大罢了。

　　从明孝陵出来后，我们就到了闻名于世的中山陵。中山陵位于南京东郊紫金山麓，依山而筑，坐北朝南。西邻明孝陵，东毗灵谷寺。中山陵前临平川沃野，后踞钟山峰峦，大气磅礴，建筑雄浑。1925 年 3 月 12 日，孙中山先生临终时留下遗嘱："吾死之后，可葬于紫金山麓。因南京为临时政府所在地，所以不忘辛亥革命也。"1929 年 5 月 28 日，中山先生灵柩由北京香山碧云寺运抵南京。6 月 1 日葬于中山陵。中山陵主要建筑都排列在一条中轴线上：牌坊、墓道、陵门、石阶、碑亭、祭堂、墓室等。陵墓入口有高大的花岗岩牌坊，上有孙中山先生手书："博爱"两个金字。从牌坊开始上达祭堂，共有石阶 392 级，8 个平台。据史料记载，这 392 级石阶象征当时中华民国人口为三亿九千二百万，体现举国痛悼追思之情。我从来也没有看到过这样宽阔漫长的石阶，以前曾多次登过沈阳东陵的一百单八蹬石阶，就以为很高很长了，现在逐级登上中山陵的 392 级石阶，真是大开眼界。祭堂面南的三座拱门门额上分别刻有"民族、民权、民生"。中门上嵌有中山先生手书："天地正气"匾额。进入祭堂，中央供奉着中山先生汉白玉坐像，底座镌刻六幅中山先生从事革命活动的浮雕。再往里走就是墓室。墓室为圆形，墓室顶部用彩色马赛克镶嵌成国民党党徽，地面用白色大理石铺砌。中央为深达五米的长形墓穴，往下看是中山先生汉白玉仰卧石像，安祥地安息在灵柩之上。据说中山先生的遗体就安葬在其下的由美国政府捐赠的铜棺之内。我们怀着极为崇敬的心情在圆形墓室内围绕汉白玉栏杆俯视深处的国父遗体，心灵上涌动着不可遏止的激情。就是这样一个伟人，领导中国人民推翻了统治中国几千年的封建帝制，创立了共和伟业。他确实值得人民崇敬，值得后人的追思礼拜。

　　在南京串联期间，我们还瞻仰了雨花台革命烈士陵园。雨花台位于南京中华门城堡南，这是一个松柏环绕的高约百米的山岗。据载有约十万的革命烈士和普通民众在此殉难。当地人讲：古代南朝梁武帝时，佛教盛行。高僧云光法师设坛讲经，感动上苍，落花如雨，雨花台由此而得名。我们几个和到那里的人一样，在瞻仰烈士纪念塔后，就四处寻找雨花石。雨花石很好看，色彩丰富，五彩斑斓，形状纹路变化多端。只是千百年来人们不断搜寻，想找到上乘的雨花石已经难乎其难了。我只找到几枚看去尚可的雨花石，毕竟是在雨花台拾到的，还是很珍贵的，我一直留存至今作为纪念。

　　我们还参观了蒋介石的总统府。从小我们就在书上看到 1949 年人民解放军占领南京时红旗插上总统府的照片，亲身来到这里，感受自然不同。据史料记载，1853年太平军占领南京，定都为天京时，这里成为天王府。清军攻破南京后，天王府遭到洗劫，建筑多被损毁。现存的建筑物都是清王朝后来重建的。大清时，这里为江宁织造署，康熙、乾隆下江南时均为"行宫"。很有意思的是，人们非常熟悉的《红楼梦》作者曹雪芹的祖上三代四人曾任江宁织造官达 65 年之久，我以为，曹雪芹大概也曾在这里生活过罢，考古学家和红学家们能否在这里找到大观园的影子呢？

（4）上海

当年的学生们都是免费乘车、船在全国串联的，那时的火车里人挤得像罐装沙丁鱼一样，行李架上，坐椅底下，厕所里，过道中全是人。文革初期的 1966 年免费乘车是中央允许的，可是以后几年学生们照样不买票乘车，我的同学有的几乎走遍了全国。

这是我第一次来到大上海。从小到大，耳熟能详的祖国大城市中，除了北京，就是上海了。大串联的火车把我们带到了东海之滨的上海市。

在串联革命师生接待站办完手续，安顿好住处之后，我们就直奔复旦大学而去。复旦大学这座举世闻名的著名学府，始建于二十世纪初的 1905 年，原名为复旦公学，是中国人自主创办的第一所学校。"复旦"二字由创始人、中国近代知名教育家马相伯先生选定。选自《尚书大传·虞夏传》中"日月光华，旦复旦兮"的名句，意在自强不息。许多名人如鲁迅、郭沫若、邹韬奋、老舍、竺可桢、马寅初等都曾在此任教或演讲。我后来才知道，我家乡的沈阳农学院就是于 1952 年从复旦大学里分出来迁至沈阳安家落户的。

走进复旦校园，看到的还是遍布校园的大字报栏，上面都是批判校党委的大字报，也有少量炮轰上海市委的大字报。但读过之后却感到缺乏之前到过的那几个城市著名学府里大字报的锐利锋芒和逼人气势，字里行间透出的是平等辩论、以理服人的文人气息。现在想起来应该是当时泛滥全国的极左思潮在这里并不占主导地位。（这种现像在我们之后游览上海滩南京路和上海大世界时得到了印证）

我在学校时就非常仰慕复旦，因为复旦的苏步青教授是享誉全国的数学泰斗，我课余时曾读过几本苏步青先生写的数学类辅导书，感觉受益非浅。还有复旦的周谷城教授在历史领域声名卓著，我由于喜欢历史，曾在 1962 年-1965 年间从《光明日报》文史版上看过他写的几篇史论（那时他还没有遭到残酷批判）。

从复旦大学出来后我们又到同济大学串联。同济大学也是一座著名学府，始建于 1907 年，乃德国人创办，取名"同济"意含合作共济。（文革结束、对外开放后，同济大学与德国教育界的联系不仅得到了恢复，而且来往密切）同济大学为国内土木建筑领域最大、专业最全的工科大学。这里的大字报主要集中批判校长王涛为首的领导班子的修正主义教育路线，也有炮轰上海市委的内容。给人的印象和复旦一样。

在这两所学校抄阅了大字报后，我们就直奔外滩而去，毕竟上海滩给我们的诱惑力太大了。位于上海市中心的外滩，东临黄浦江，全长 15 公里，其江对面就是浦东陆家嘴地区。（那时浦东还是荒草农田遍布的未开垦的处女地，而今已成为享誉全球的"东方明珠"所在地，世界金融大亨争相角逐的繁华新都）。

1839 年，林则徐在广州禁烟，一直窥视中国大陆的英国政府借机向清政府开战，第一次鸦片战争开始。1842 年 7 月，英军炮舰兵临南京城下，清政府被迫签订了《南京条约》，屈辱地割让香港，开放广州、厦门、福州、宁波、上海五个港口，上海就成为了中国对外开放通商的五个口岸之一。从那时起，西方列强纷纷进驻上海滩，在徐汇、长宁、静安区等划定了租界，从那时直至 1945 年二战结束租界才被废除。外滩一直被英、法租界占有。可以说，一百多年中，上海外滩的历史就是中华民族蒙受屈辱的历史。也由于是租界，这里成了各国建筑师大展身手的宝地，哥特式、罗马式、巴洛克式等中西合璧式的 52 幢风格各异的大楼群聚此地，被称为"万国建筑博览群"。

走在外滩大道上，手扶栏杆看着奔流不息的黄浦江水，我们这些来自北方的孩子心里真是感慨万千。从小到大，听过的上海滩的故事数也数不清，从《一江春水向东流》里上海滩穷人居住的破屋陋巷，到《三毛流浪记》里三毛在上海滩所受的痛苦煎熬，仿佛都涌现在眼前。沿外滩矗立的座座大厦都饱含多少人的苦难辛酸。尽管这一切都已经成为了过去，但触景生情，还是令人感伤。（我们这些人所受的教育中，牢记阶级苦，不忘血泪仇，其影响实在是太深远了）。

南京路的开拓、发展、甚至命名，都来自于"南京条约"的签订。我们沿南京路西行，好奇地打量着一切。这就是誉满全球的中华商业第一街呀！南京路东起外滩，西至静安寺，全长十里地，旧社会被称作"十里洋场"，名不虚传。虽然文革破四旧时许多著名的老字号牌匾都已被砸烂，但古老建筑仍在，旧时格局犹存。尽管路牌已换成"反帝大街"、"东方红大道"，但我们仍知道这就是鼎鼎有名的"南京路"。就像沈阳一样，"中山广场"变成"红旗广场"，"铁西区"都变成了"红工区"。

经过打听，我们到了位于西藏路和延安路交叉口处的上海大世界游乐场。十分庆幸，大世界仍完好地生存着。

我们以为，这样有名的游乐场早就应该在破四旧的七、八月里消亡了，然而深秋来访的我们却意外地看到了大世界的风采。这不能不感谢上海人对生活的热情与执着，对肆虐各地的极左思潮的抵制与反抗。很可惜，在我们离开上海后不久，大世界还是没有逃脱被砸烂的命运，直到文革结束、改革开放后才重获新生。

上海大世界游乐场初创于 1917 年，最初由黄楚九创办经营。1930 年后由上海滩青帮头子黄金荣接手经管。这里是上海滩最吸引人的娱乐场所。解放后大世界仍然保留了那些深受民众喜爱的雅俗共赏的节目。它的建筑颇具特色，大门、圆柱大厅、剧场等为仿西方古典式，内部装饰则为中国传统式。大世界由十二根圆柱支撑多层六角形奶黄色尖塔构成。主楼为三幢四层高的建筑相连，另有两幢附属建筑。里面设有许多小型戏场戏台，每天不间断地轮流上演各种戏曲、歌舞、杂技、魔术、电影，尤以游艺杂耍和南北戏曲为特色。四层高的围栏式建筑在楼中间围成一透亮空间，无论哪层楼的游人都能凭栏俯视到一楼戏台上的杂耍魔术等演出。

我们不停地在各楼层、各小剧场之间走动，听昆曲，看越剧，欣赏沪剧，品味评弹，为滑稽剧团的演出捧腹大笑，为杂技演员的神采鼓掌叫好。使我感到兴奋的就是一楼中心戏台上的神鞭和飞刀表演。长长的神鞭到处，能把一个人叼在嘴上燃着的烟头打灭。遍插演员周身四处的飞刀，更让我想起电影《飞刀华》的绝妙奇技。最叫人哈哈大笑的应该是走进大世界时迎面摆放的十二面哈哈镜了。呈现在镜子里的你变得或胖或瘦或高或矮或腰细无比，不由得你不哈哈大笑得开心开怀。大世界里的一切都是那么吸引人，只可惜我也看到了瑕疵，那就是走进大世界时迎面设立的小便池。许多男人就背身毫不扭捏地在那里方便，丝毫不在意身后就有许多女人经过。这种极不文雅的现象我在南京路上也曾见过。我真不理解大上海怎么会有这样的陋习，连文化大革命横扫四旧的狂风也没能改变它。在上海串联期间我们还游览了位于上海南部旧城东北角的豫园和城隍庙，领略了江南古典园林的韵味。

这一次的上海串联给我留下了深刻印象，即使时光已过去四十多年，回想起来仍是历历在目。

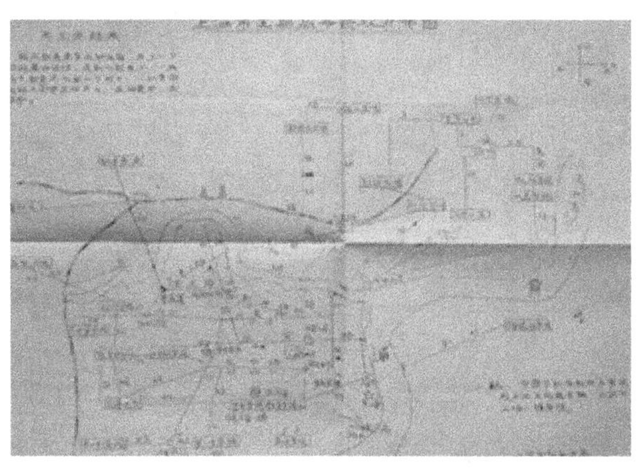

为便于外地赴沪串联学生活动的手绘油印上海高校分布图。

（5）北京

我们出来串联的最大愿望就是走进北京，走进中国的心脏——首都北京。当火车载着我们来到北京时，我们都兴奋不已。走出北京站，在串联师生接待站登记，被分配到外交部下属的位于德胜门外的一个机关招待所住宿。

　　到北京后我们瞻仰的第一个地方就是天安门。天安门是全国人民敬仰的地方，尤其是我们这些年轻学生心中的圣地。天安门是毛主席向世界宣布中华人民共和国成立的地方，每当"十·一"庆祝新中国建国周年有重大纪念活动的时候，毛主席都会站在天安门城楼上检阅参加活动的各界群众的游行队伍。特别是在无产阶级文化大革命中，毛主席在天安门上分别于"八·一八"、"八·三一"、"九·一五"、"十·一"、"一０·一八"，也就是我们来到北京之前已经五次接见了数百万来自全国各地的红卫兵和革命师生。我们来北京最大的愿望就是能在大安门广场见到伟大领袖毛主席，这个愿望什么时候能实现还不知道，只有耐心等待通知。招待所的同志告诉我们：可能不久毛主席就会再次接见你们。

　　天安门位于北京市中心，故宫的南侧，面对宽阔的长安大街和天安门广场。据史料记载，作为明、清两代皇城大门的天安门，始建于明朝永乐十五年，即公元1417年，于1420年建成，初称"承天门"。1457年，毁于雷火。1465年重建。明朝崇帧17年，即公元1644年，李自成攻入北京城，再次被毁。清顺治八年，即1651年改建、重修，并改称"天安门"，意寓"受命于天，安邦治国"。天安门城楼高37米多，建在由巨大条石砌成的须弥座式城台上。红墙、黄瓦，有五个拱形券门，显得金碧辉煌。城楼上有六十根朱红色通天圆柱，两层重檐楼上铺着金黄琉璃瓦。东西九间，南北五间，象征皇权的"九五之尊"。如今，天安门回到了人民手中，成为了领袖和人民欢庆胜利的舞台。我和几个同学都以天安门为背景照相留念，手里还捧着毛主席语录。（这是当年的时尚）。天安门前的金水河上架着七座汉白玉桥，封建王朝时，中间那座雕着蟠龙柱头的桥是只许皇帝走的，紧挨着的左右两座雕着荷花柱头的桥只许亲王过，再两边的两座桥也只许三品以上大员过，只有最靠边的两座桥才允许四品以下官员通过。而今我们这些普通民众也能昂首从正中间的金水桥上走过去，这真是历史沧桑，换了人间。

我们怀着极为崇敬的心情来到矗立在天安门广场中央的人民英雄纪念碑前，鞠躬致敬。人民英雄纪念碑的碑身石料取自青岛浮山大金顶，正面镌刻毛主席手书"人民英雄永垂不朽"八个鎏金大字，背面是毛主席起草、周恩来总理题写的碑文："三十年以来，在人民解放战争和人民革命中牺牲的人民英雄们永垂不朽，由此上溯到一千八百四十年，从那时起，为了反对内外敌人，争取民族独立和人民自由幸福，在历次斗争中牺牲的人民英雄们永垂不朽"。纪念碑分碑身、须弥座、台座三部分。台座两层，四周环绕汉白玉栏杆，四面都有台阶。台座上是大小两层须弥座。下层须弥座壁上四面镶嵌八块巨大的汉白玉浮雕，分别是：虎门销烟，金田起义，武昌起义，五四运动，五卅运动，南昌起义，抗日游击战争，百万雄师渡长江。简略而又生动地展示了我国近百年来人民革命的光辉历程。

人民英雄纪念碑的西面就是人民大会堂。作为 1959 年庆祝建国十周年的北京十大建筑之首的人民大会堂，集中了全国各地的建材和工人、技术人员，仅用不到一年的时间就建成。这座巨大辉煌的建筑，占地 15 万平方米，建筑面积 17 万平方米，比北京故宫的全部建筑面积还大。大会堂的外表为浅黄色花岗岩，上面是黄绿相间的琉璃瓦屋檐，仅基座就有 5 米高。周围环列 134 根高大的圆形廊柱，显得高雅庄严。大会堂正门门额镶嵌国徽，正门迎面矗立 12 根浅灰色大理石门柱，走到这些有 2 米粗的门柱前时，你就会自然而然地产生一种令人敬畏的感觉。进门后是有 3600 平方米大的迎客中央大厅，再往里走就是金碧辉煌的万人大礼堂了。这里就是每年召开全国人大会议的地方，面积有 4560 平方米。礼堂顶棚中央是巨大的红五角星灯，周围是镏金的 70 道光芒线灯和 40 个葵花瓣灯，三环水波式暗灯槽，一环大于一环，与顶棚 500 盏满天星灯交相辉映，非常好看。大会堂里有许多以各省、市、自治区名称命名的富有地方特色的厅堂，由于我们来自沈阳，所以我们随后就去了辽宁厅。辽宁厅和大多数省厅一样，面积为 495 平方米，墙面是米黄色大理石，墙上悬挂反映辽宁特色的大型壁画、铜嵌画，摆放许多仿古工艺品，给人印象很一般。

从大会堂出来后我们就到对面的中国历史博物馆参观。我很喜欢历史，所以对这里的中国历史陈列非常感兴趣。这里的大量文物展示了从 170 万年前的原始社会直到 1840 年的中国历史，我看到了河南安阳出土的重达 875 公斤的商代母戊鼎，这件巨大的远古青铜器几乎可以看成是中国历史的标志物，很难想象古人是克服了多少困难才铸出来这样庞大而又精致的神器。而西周盂鼎上的 291 个铭文，记载了周康王赏赐西周贵族盂 1709 个奴隶的史实。整个展览贯穿了一个主线，那就是一代又一代的奴隶起义、农民起义。它告诉我们：奴隶们创造了历史，农民起义造就了一个又一个王朝，这就是毛泽东所说的：历史由人民创造。这种观点主宰了建国后的历史教育。历史展览、文物陈列，一部辉煌的中华民族历史，几乎就是一部不间断的奴隶起义史、农民起义史、阶级斗争史。这当然是不全面和不科学的，但在那时，这个结论就是金科玉律，连深通历史的郭沫若都违心地大批自己，对我们这些学识尚浅的学生而言当然更是深信不疑了。

我们是从天安门走进北京故宫的。走过金水桥，穿过天安门正中的大拱门，我们就来到了午门前的广场。故宫共有四门：正门叫午门，东门叫东华门，西门叫西华门，北门叫神武门。我们从午门开始我们的故宫之旅。

据史料记载，作为明、清两代王朝24个皇帝君临天下的故宫，位于北京市中心。故宫又称紫禁城，其宏伟规模、精美建筑为世界五大宫之首：北京故宫，法国凡尔赛宫，英国白金汉宫，美国白宫，俄国克里姆林宫。我曾问过父亲：故宫为什么又叫紫禁城？父亲说：古代人认为帝王将相都是天上星宿下凡，而古时将天上星宿分为三垣、二十八宿和其它星座。三垣就是指太微垣，紫微垣，天市垣。紫微垣为中垣，又称紫微宫，在北斗星的东北方。古人认为那是天帝居住的地方。皇帝贵为天子，皇宫即为天下的中心。紫禁城中的"紫"即指天上的紫微垣，而皇宫又是等级极为森严的禁区，故称"紫禁城"。故宫宫殿的建筑设计沿一条南北向中轴线排列，三大殿，三后宫，御花园均位于中轴线上。这条中轴线几乎贯穿了北京城，南达永定门，北到钟、鼓楼。

走进午门，是一个阔大的广场，这个面积足有三万多平方米的广场就是太和殿，也就是人们所熟知的金銮殿的殿前广场。走过广场上的金水桥，就来到太和殿。这里就是皇帝召见群臣发布圣旨的金銮宝殿。看着位于高台上的金漆雕龙宝座，浮想联翩。想当年，威风八面的皇帝在这里不知接受过多少王公重臣的朝拜，发布过多少或英明或愚蠢的政令。君临天下、凡人不可仰视的皇帝们可曾会想到数百年后的今天，成千上万的普通百姓可以随意在这里观赏游玩，在金銮殿里进进出出？从太和殿出来继续向北走是中和殿、保和殿，两侧是文华殿、文渊阁、上驷院、武英殿、内务府等。到乾清门为止，就从故宫的外朝转入内廷。内廷就是皇帝和后妃们居住的地方。居于故宫中轴线上的是乾清宫、交泰宫、坤宁宫，两翼为养心殿、东西六宫及斋室，后是御花园。我们参观了设在故宫一些宫殿里的展出陈列馆：艺术馆、绘画馆、文房四宝馆、钟表馆、珍宝馆、青铜器馆、陶瓷馆等，在钟表馆和珍宝馆里看得更仔细些。

从故宫北门也就是神武门出来，我们就去了景山公园。明朝最后一位皇帝崇祯在李自成攻破北京城逼近故宫时，就是在这里的煤山老树上上吊身亡的。站在景山顶俯视故宫，蓝天白云下的紫禁城显得壮丽辉煌，同时又让人感到神秘遥远。这里曾发生过那么多故事，有那么多令人不解之谜。可惜我们太年轻，读的书太少，而且那时的书里也不许刊载描述王朝更替的真实历史，除非那个王朝是被农民起义所推翻。当我在文化大革命已经过去五十多年后的今天写《文革记事》时，深深感到那时国人所受到的教育和文化统治严重禁锢了许多人、特别是年轻人的思想。渴望探索历史真实的想法是被严厉禁止的，这就造成了我们这一代人知识和思维的僵化、匮乏与偏激。我很羡慕今天的年轻人，他们可以在科学知识的海洋里自由搏击，在人类文化的天空里展翅翱翔，能公正地了解历史，能全面地发展人生。今天我们可以自由阅读《明朝那些事儿》、《清朝那些事儿》，而这都是我们当年所无法想象的。

深秋里的一天，我们游览了令人神往的颐和园。颐和园位于北京西北郊海淀区，也就是大学区。颐和园是利用昆明湖和万寿山，以杭州西湖为蓝本建造而成的。它是现存规模最大、保存最完整的皇家园林，为中国四大名园之一。（这四大名园是：北京颐和园，承德避暑山庄，苏州拙政园，苏州留园）。作为清帝王行宫和花园，它始建于乾隆年间，时称清漪园，形成了从清华园到香山长达二十公里的皇家园林区。咸丰十年（公元 1860 年），建成已有 110 年的清漪园被侵华的英法联军焚毁。光绪十四年（公元 1888 年），慈禧太后以筹措海军经费名义动用三千万两白银重建，改称颐和园。光绪二十六年（公元 1900 年），八国联军进北京，在颐和园和在圆明园一样进行大肆破坏、焚烧，看过电影《火烧圆明园》的人都可以从中看到这一惨景。光绪二十九年（公元 1903 年），重新修复。也就是说，颐和园的历史是多灾多难的历史。

颐和园占地近三平方公里。园内的亭台、长廊、殿堂、庙宇、小桥、楼阁数不胜数，可以说集中国园林建筑之大成。其中著名的佛香阁、长廊、石舫、苏州街、谐趣园、大戏台、十七孔桥等更具家喻户晓的代表性。走过昆明湖上跨于东堤和南湖岛之间用以连接堤岛的十七孔桥时，可以看到石桥两边栏杆上雕有大小不同、神态各异的几百只石狮。

　　颐和园长廊上的丹青彩绘举世闻名，然而，文革时却被无知狂妄的早期红卫兵们用墨汁泼洒毁坏。现在人们看到的都是后来补绘的。

　　我们沿着长廊向万寿山前行，就在这里看到了最不想看到的情景。全长七百多米的长廊是中国园林中最长的游廊，房梁上本来绘有大量极其精美的彩画，除了山水风光外还有人们所熟知的历史典故人物，供游人在游园时还可以品味丹青艺术。可是这些珍贵的彩绘都被破四旧的红卫兵泼抹上浓黑墨汁，糟蹋得不成样子。对此我很难过也很不理解。

　　登上万寿山，穿过位于山腰部位的佛香阁后，就到了建在万寿山顶最高处的宗教建筑–智慧海。智慧海为佛教用语——佛智如海，法力无边。智慧海的建筑很像木结构，却没有木料，全由石砖发券砌成，没有枋檩承重，故称"无梁殿"，又因殿内供奉无量寿佛，又称"无量殿"。这座建筑的外层全用精美的黄绿两色琉璃瓦装饰，上部用紫色蓝色琉璃瓦盖顶。整座建筑色彩斑斓，富丽堂皇。最具特色的本来是嵌于殿外壁面上的千余尊琉璃佛，可是在这里我们又看到了不想看到的情景：在人手或长杆能够着的地方的佛像头都被铲掉、砸坏，只有高处的佛像还保存完好，保持着自己的尊严。在横扫四旧的红卫兵看来，这大概就是无产阶级文化大革命的胜利成果，是砸烂"封资修"的革命行动。殊不知这是对国家、对民族、对灿烂的中华文化的犯罪！有良知的人怎么会这样糟蹋这些民族文化瑰宝？让长廊彩绘和琉璃佛蒙羞的难道不是中华民族的子孙后代？八国联军的敌寇肆意毁坏我们祖先留下的家园的时间过去不过六十多年，怎么我们自己还能忍心自毁家园呢？！这就是我，一个年轻的中学生当时无论如何也想不通的事情。在北京，在党中央所在地的首都发生这样的事情却无人阻止，这到底是怎么回事？难道这就是"革命"？这些古老文物何罪之有要遭此涂炭？其实这只是我对文化大革命产生疑问的开始，随后几年发生的更多令人无法想象的事情真的更让人看不懂、想不通。

带着惆怅和迷惘，我们离开了颐和园。时至今日，我还是忘不了那一天。

刚到北京不久，我们在王府井大街上的新华书店门口意外地看到了墙上张贴的一道通令：严正通令禁止出售刘少奇的"论共产党员的修养"，并声言销毁此书。这张由北京政法学院红卫兵组织署名起草的通令引起了极大的反响。围观的人群中反对的人很多，纷纷写条子质问，并与在那里的政法学院大学生进行辩论。张贴通令的大学生们称刘少奇是反对毛主席的走资派，必须打倒、批判。反对他们观点的人则指责他们是打着红旗反红旗，是地道的反革命。在北京我们是第一次看到这种情况，以前在外地串联时也没有看到、听到有关刘少奇主席的消息，而在这里，事态已经发展到这种地步，令人感到吃惊。就在前不久，毛主席第五次接见百万革命师生时，刘少奇还陪同接见。让我们感到北京就是不一样，这里的文革运动太激烈了，让人一时无法领受。

离开王府井后，我们在长安街上，在天安门观礼台上都看到了张贴的许多大标语："大庆展览树立的是修正主义权威"，"大庆展览为什么突出刘**和邓**的形象？"虽然没有直接点名，但谁都知道这是指谁。对我们这些年轻的中学生而言，开始初步领略了文革运动政治风云的激变难测。

第二天，我们赶到北京政法学院。在那里我们看到大字报的内容中多为打倒、批判院长院党委的走资派，欢呼全国最高检察院副院长王维纲被揪出停职反省。在这里还看到一张大字报"炮打邓小平"，声称要挖出埋在毛主席身边的这颗定时炸弹。这可真是天下大乱了。

我们到了闻名的北京大学，这所创立于 1898 年的近代史上中国第一所大学，位于北京海淀区中关村核心地带，西靠颐和园，北临圆明园。周围毗邻许多著名大学：清华大学，北师大，北航，北邮大，人大，北京电影学院，北京外语学院等。它初名京师大学堂，辛亥革命后的 1912 年更名北京大学。由著名学者蔡元培先生任校长，从这所大学里走出过许多名人：陈独秀，李大钊，毛泽东，鲁迅，胡适……。当年的北大教授南陈（陈独秀）北李（李大钊）相约分别在中国南北筹建中国共产党，从而改写了中国历史。

在这次文化大革命中，也是这所大学里的哲学系党总支书记、已经 45 岁的聂元梓和宋一秀、夏剑豸、杨克明、赵正义、高云鹏、李醒尘六位教师一起于 1966 年 5 月 25 日率先贴出了震惊全国的大字报"宋硕、陆平、彭佩云在文化革命中究竟干些什么？"。现在已经知道，其实这张大字报也并非是聂元梓先知先觉的产物，而是当时中央某些高层人物（如陈伯达、康生及以后的江青等人）的幕后授意，精心策划的结果。只不过聂元梓善于理解领导心意，并得到赏识而已。这张向北大党委、北京市委发难的大字报在得到毛泽东首肯后，于 1966 年 6 月 1 日在中央人民广播电台播出，6 月 2 日在《人民日报》全文刊登，标题为"第一张马列主义大字报"。在党的喉舌《人民日报》上头版头条刊登这张大字报，其影响自然非同小可。也就是从这时开始，祸乱中国十年的无产阶级文化大革命正式揭开了大幕。那时我们正在学校念书，在全校热烈欢呼第一张马列主义大字报诞生的同时，各种小道消息也纷至沓来。

由于辽宁省实验中学是高干子第云集的学校，各种来自省市委、东北局高层的中央领导集团内部发生了巨变的消息在同学们中间不胫而走，传播得沸沸扬扬。从 6 月 8 日开始，学校开始停课闹革命，和全国一样，这一停课就整整停了近十年。彭真下台后改组的北京新市委向北京各高校派出的工作组被从外地赶回北京的毛泽东叫停撤出后，7 月底，聂元梓以文革造反英雄的身份登上了北大文革主任的宝座，并在 8 月 18 日毛主席第一次接见红卫兵和革命师生时，登上了天安门城楼，得到伟大领袖的亲自接见。也就是从那时起，聂元梓成了公认的北京五大学生领袖之首。

走进北大校园，我们心里是很激动的。一方面北大是著名学府，另一方面北大又可以说是文化大革命的发源地，因为第一张马列主义大字报就诞生在这里。校园里到处都是一排排大字报长廊，上面都贴满了大字报。当时北大正在展开一个"聂元梓是无产阶级当权派还是资产阶级当权派？以聂元梓为首的校文革执行的是一条资产阶级反动路线还是无产阶级革命路线？"的大辩论。可以看出来，各种不同观点的争论是很激烈的。由于不了解情况，我们只能走马观花地浏览。在北大还看到了一些有关刘少奇主席的大字报如："刘少奇同志瞎指挥的故事"，"评刘少奇同志的教育思想"，"刘少奇是中国的赫鲁晓夫"等。从揭发出来的问题看，从大字报转载的中央首长的讲话的意思来看，作为国家主席、党中央副主席的刘少奇确实犯了严重的方向路线性错误。联想到曾在长安街上看到的大标语，感到运动的发展真是深不可测。但是心里总觉得刘少奇和邓小平都是党和国家的领导人，对国际有重大影响，现在世界上各派人物都在密切注视着中国的一举一动，中国、尤其是北京的一言一行都将对世界发生很大影响。因此不适宜将这方面的大字报和标语张贴到大街上，总要考虑国际影响吧。在以后几次来北大时，有一次赶上并参加了"揭发批判李雪峰执行资产阶级反动路线罪行大会"。时任改组后的北京新市委书记的李雪峰到会并作了长达三小时的检查，吴德等也到会参加了批判。就是在这次会上看见了聂元梓的尊容。

我是带着极为崇敬的心情走进清华大学的。清华大学所在的清华园，康熙时为圆明园附属园林，称作熙春园，咸丰时改为清华园。清华大学创建于 1911 年，称作清华学堂。1928 年更名为国立清华大学。据报载，早期的清华国学研究院的四大导师：王国维，梁启超，陈寅恪，赵元任以其深厚的国学功底，创立了名扬天下的"清华学派"。从这个著名学府里走出了许多名人：闻一多，曹禺，梁实秋，费孝通，钱钟书，胡乔木，钱学森等。

清华园的建筑带有浓厚的西洋色彩，校园里绿树成荫，确实是一个读书求学的好地方。只不过在文革运动的背景下，显得纷乱零落，满眼都是数不清的大字报，到处都是炮轰、批判、打倒、火烧，再也看不到曾在清华园任教的朱自清先生在其著名散文《荷塘月色》中的描述："荷塘的四面，远远近近、高高低低都是树，而杨柳最多……"的那种意境。

清华园里的文革运动充满了火药味儿。文革初期因反对工作组而被打成"右派"学生并被关押18天的工程化学系学生蒯大富，在中央文革组长陈伯达带人到清华狠批王光美，撤走工作组，为蒯大富平反后，蒯大富就成了响当当的造反英雄，得到毛泽东、江青的接见和赏识，组建了文革运动中全国最有名气的造反组织-清华井冈山兵团。清华园里，除了继续深揭狠批以蒋南翔为首的校党委的大字报以外，还有许多有关刘少奇的大字报，内容和口号比我们在北大看到的更激烈："刘少奇是资产阶级反动路线的总头目！"，"刘少奇是头号修正主义头目！"，"保卫毛主席，打倒刘少奇！"等等，令人深感震动。

在北京串联的日子里，我们还去了许多大学：北航，人大，北师大，地院，矿院，外院，农大等。北京各大专院校纷纷举行了批判资产阶级反动路线大会，如钢铁学院批判吕东为首的冶金部，矿院批判钟子云为首的煤炭部，体院批判荣高棠为首的国家体委，外贸学院批判李先念……。在北京串联的日子里，我终于见到了伟大领袖毛主席，心里真是兴奋得不得了，今天翻看当年的日记，还可体会那种心情。历时一个多月的首次参加的革命大串联结束了，它留给我的印象极为深刻。

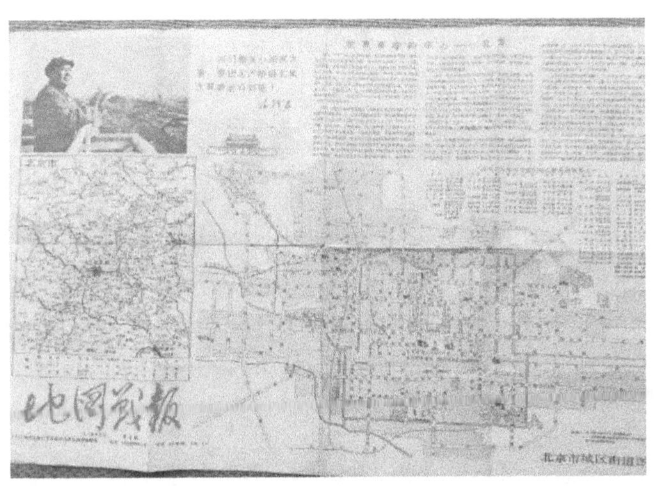

文革中出版的世界革命的中心—北京地图。

第三章 千里长征

（1）背景

　　无产阶级文化大革命中的大串联始于 1966 年的夏季，各种交通工具，包括火车、汽车、轮船都满负荷运转，全国参加大串联的人数数以亿计。无法控制的大串联，造成了交通工具的超负荷运转，造就了世界上罕见的大"自由"旅行。全国停学、停产、社会秩序混乱。面对这一切，中央意识到：必须加以管控，不能任其发展，但还不能违背领袖支持学生参加文化大革命的指示，不能压制四大自由，于是，就有了林彪副统帅在十一月十日毛主席第六次接见全国各地来京革命师生大会上的讲话："毛主席是支持同志们步行串联的。步行串联的好处，可以广泛地接触群众，接触社会的各个方面，更深入了解社会主义社会的阶级斗争，可以更好地向工农学习，在更宽广的范围内，传播毛泽东思想。当然，这种步行串联，必须有计划、有组织、有准备地进行。"之前的十月二十二日，《人民日报》就发表了社论"红卫兵不怕远征难"：热烈祝贺大连海运学院十五名革命师生长征演习的胜利（大连海运学院的这些学生从大连步行走到北京），并且希望全国各地的革命师生，在"自愿和可能的条件下，也这样做。"于是，文革长征开始了。文革时著名的北京三司（首都大专院校红卫兵革命造反总司令部）曾发出"倡议举行两万五千里长征大演习"的号召。

红卫兵报
掀起步行串连的热潮

红卫兵不怕远征难
向敢于投降真理的同志们致敬

为倡议举行二万五千里长征大演习给革命造反总司令部的一封信
长征

（2）筹备

1966 年 11 月中旬，我结束了历时一个多月的外地串联，回到了沈阳。这次大串联，游历了天津、济南、南京、上海、北京等地，开阔了视野，增长了见识。在北京时，见到了伟大领袖，听见了林彪副统帅号召学生们开展步行串联的指示，看到了报纸上对大连海运学院十五名红卫兵徒步长征到北京的报道，很有触动。这样，回沈后不久就赶回学校。

那时的辽宁省实验中学，组织林立，各自为战。许多同学组建了许多长征队。我见到了运动初期的战友，他们正在筹备组建长征队招募成员。我当然加入了这支长征队。我们的长征队取名为：《万里红毛泽东思想长征队》，十五名队员来自不同班级，主要由当年的高一、三班同学组成。

从十二月初我们就开始紧张的筹备工作，我们组建的是文艺宣传队，在长征中要用文艺形式宣传毛泽东思想。我们从西塔朝鲜族商店买来锣、鼓、镲，在学校钻地道从音乐教室"借来"手风琴、扬琴、大阮等乐器，进行节目编排。文艺宣传的形式有：三句半，表演唱，对口词，乐器合奏，快板，舞蹈，合唱，独唱等。那时最时兴三句半，能充分表现批判、打倒走资派和歌颂文革的劲头，最受欢迎的是毛主席语录歌曲。我到市文化宫的沈阳市工农兵文化工作队索取了五本"为毛主席语录谱写的歌曲集"，这个歌曲集有 47 首歌曲，基本包括了已经发表的主席语录歌曲（大概都是劫夫谱曲）。我们抓紧时间排练文艺节目，刻钢版，用油印机印刷许多重要学习材料，如：毛主席新诗词，林副统帅语录，中央首长重要讲话，毛主席诗词解释，毛主席语录六十条等。学校里不少战斗组都来向我们索取这些学习材料。集体讨论后，预定我们的长征路线为：沈阳-北京-邢台-兰考-井冈山-韶山-遵义-重庆-延安-北京。经过十几个省，征途长达二万里，历时一年。野心真大啊，万里红就是行万里路嘛。我在当年的日记里写道：我们要走出校门，向最广阔的天地进军！"猪圈岂生千里马，花盆难养万年松"，我们要听毛主席的话"一往无前，偏向悬崖攀绝峰"。现在看，在革命理论熏陶下长大的我们，左得可笑，更左得可怕。

我在 1966 年 12 月 30 的日记中写道：昨天晚上，我们组步行到和平大戏院观看了辽大八·三一红卫兵、红色造反团给工人的新年慰问演出。这支文艺宣传轻骑队总共才有十四人，但是演得好，吸引人。宣传毛泽东思想，联系实际形势，自编自演，种类繁多，有：快板，山东柳琴，锣鼓群，对口词，京韵大鼓，天津快板，独唱，歌舞……。我们的长征队是一支宣传毛泽东思想的战斗队，我们也准备了不少节目，但同他们比起来，差得很远。为贫下中农演出，形式要活泼、多样，节目短小精悍，还要紧跟上急剧发展变化的形势……

在 1966 年 12 月 31 的日记中我写到：全校同学们在学校礼堂组织了文艺晚会，庆祝新的更大胜利的 1967 年到来。我们《万里红长征队》演出了一些节目……。

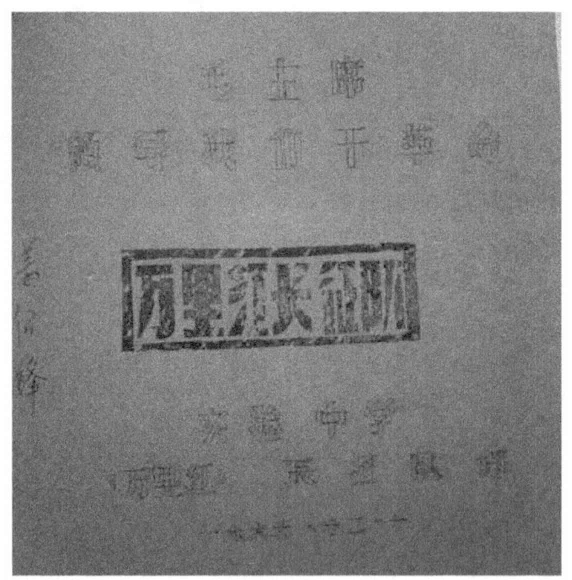

（3）征途

　　1967 年 1 月 5 日，我们辽宁省实验中学《万里红长征队》离开母校，离开沈阳，踏上了步行长征到北京的行程。我们每个人身背行军包，打着绑腿，臂戴红袖标，高擎《万里红毛泽东思想长征队》大旗，告别在校同学，走上"长征路"。

长征日记

1967 年 1 月 5

　　今天上午 10 点，我们《万里红》长征队誓师出发踏上征程了。我们将牢记毛主席的教导，沿着当年老红军走过的路，沿着毛主席给我们指出的光明大道，胜利前进。走到广大工农之中，走到社会中去，经风雨，见世面，锻炼和改造自己。今天我们经过了杨士屯，在宁官屯住宿。

<u>1967 年 1 月 6 日</u>

今天是长征的第二天。我们情绪饱满，精神十足，自我宣传，行军唱歌。我们学了《三大纪律八项注意》。走到大潘时，作了一次宣传演出。下午过了张义，到三台子过宿。明天大约能到茨榆坨，快到辽中了。

路上遇到许多长征队，我们和吉林长征队同学、三台子社员一起联欢。

<u>1967 年 1 月 7 日</u>

到了茨榆坨，这里是小英雄谢荣策的故乡，也是小烈士为革命流尽鲜血的地方。我们要访问小英雄的家，访问谢老妈妈，凭吊小烈士陵墓。深入到贫下中农家去，访贫问苦，作宣传演出。

1967 年 1 月 8 日

我们访问了谢荣策的母亲，听了谢老妈妈的回忆，她给我们讲了许多谢荣策的生平事迹。跟谢荣策一同被捕的他的叔伯兄弟谢荣环讲了谢荣策为革命壮烈牺牲的英勇事迹。我们受到很大教育。我们还访问了老红军徐英超同志。谢妈妈和徐英超还给我们盖章留念。我们还瞻仰了烈士陵墓。晚上急行军到了辽中县。

1967 年 1 月 9 日

毛主席说：“马克思主义的道理千条万绪，归根到底就是一句话，造反有理。”今天晚上我们在辽中工人俱乐部参加了一次文艺晚会，由各路长征队和辽中县红卫兵共同宣传演出。我们的宣传应该宣传毛泽东思想，突出政治，也就是说，政治标准第一，艺术标准第二。可是今天的晚会却被一股歪风邪气笼罩着。有些演出不是宣传毛泽东思想，而是突出个人艺术水平高，油腔滑调，摇头晃脑，作风不正派，不大唱毛主席，歌颂文化大革命，却演什么“亚非拉人民要解放”、“幸福年”一类。歌曲都是不错的歌曲，但被他们丑化了，歪曲了。唱主席诗词时怪声怪调，手中拿着语录本，却扭着摇摆舞指挥唱歌。

我们看不惯，我们要造反！毛主席说：“造反有理”。我们打着大旗，器宇轩昂地登上舞台，宣布退出演出并表明我们的态度，明确指出，今天的演出有问题，特别是抚顺的长征宣传队的演出问题最严重。

明天我们不走，要留在这里战斗。找抚顺长征队批评、辩论，直到斗争胜利。到县委宣传部造反！点燃辽中县的

文革高潮！彻底击退违反毛泽东思想的歪风邪气，让无产
阶级占领舞台阵地！……

<u>1967 年 1 月 10 日</u>

我们的革命造反胜利了。抚顺红卫兵毛泽东思想长征
宣传队承认了错误。早晨，我们全队打着《万里红》队旗，
戴好袖章，雄赳赳，气昂昂地出发到抚顺队驻在地-辽中
县委党校，去找他们辩论。我们抱着诚意，批评了他们。
我们用昨晚舞台演出的事实，指出他们的演出违反毛泽东
思想，他们的舞台作风不正，用资产阶级惯用的扭摆、摇
晃、油腔滑调等等哗众取宠，口中唱的是革命歌曲，抒发
的却是资产阶级情感，宣扬的却是早已发霉了的反动遗毒。
他们说：昨天的大会基本上是个很好的大会，演出都是宣
传歌颂毛泽东思想的。（当年极左思潮造就了太多的左得
疯狂的青少年，这在文中日记里可以看得很清楚）。当然，
他们不同意我们的极端指责，但也承认表演作风应该改
进……

长征队袖标

<u>1967 年 1 月 11 日</u>

在辽中停留了两天三夜，今天离开这里。离开了热情招待我们的工人、贫下中农。早晨，我们向房东告别，他们的真挚阶级感情深深教育了我们。

我们来到这里仅仅两天，不仅没有为贫下中农做许多事情，反而给他们添了不少麻烦。他们热情的为我们烧水、热炕、借给我们被褥，我们心中真过意不去，我们为他们做了文艺演出。早上他们出来送行时，居民主任大嫂流着眼泪向我们告别，她真诚的嘱咐我们，希望我们不要忘记毛主席的教导，一定要把革命进行到底。她还送给我们每个人两付鞋垫，让我们深刻体会到了贫下中农的阶级感情。

<u>1967 年 1 月 12 日</u>

今天到达了离台安县五里地的胜利大队，我们已经走了 240 多里路，还有一半路程（沈阳-锦州）就快到锦州了。

脚上打了一连串水泡，很疼，一阵阵发作，走路时像针扎一样。由于自己强调客观，放松了对自己的严格要求，渐渐落在队伍后面。同学们停下等我，给我念毛主席语录："我们的同志在困难的时候要看到成绩，看到光明，要提高我们的勇气。"这时，毛主席好像就在我眼前，微笑着对我说："下定决心，不怕牺牲，排除万难，去争取胜利"，浑身增添了力量，赶上了队伍。

广播电台接连广播了上海革命造反派向上海市委贯彻执行的资产阶级反动路线发动全面进攻，击退资产阶级反动路线反扑的胜利消息。党中央、国务院、中央军委、中央文革小组还发了贺电，改组了军队文化革命领导小组，由徐向前任主任，江青任顾问……

我国的无产阶级文化大革命进入了新阶段。继学生运动之后，工人运动、农民运动正在兴起。工人阶级刚一登上运动舞台，就显示出强大的力量。一小撮顽固执行资产阶级反动路线、破坏文化大革命的党内走资本主义道路的当权派正在全线崩溃。

上海工人、革命造反派干得好……

1967 年 1 月 15 日

今天从东郭出发，走了 100 多里路，晚上 8 点 50 分赶到了锦州。由于路途远，夜行军，困难很大。但大家表现都很好，互相帮助，歌声不断……

1967 年 1 月 16 日

今天长征队自由活动，和几个同学在锦州逛街。本来可以在接待站吃饭，但饭馆里的白米饭比接待站的苞米面窝头强多了，所以花了六角钱改善了一顿。本来三角钱米饭已足够，却又买了三角钱的肉。现在想起来很惭愧，这是自己资产阶级思想的大暴露，缺乏劳动人民艰苦朴素精神作风的表现……

1967 年 1 月 18 日

今天长征队离开锦州，继续向北京进军。在锦州时，到辽宁晶体管厂买了三个高频三极管，一元一个。在七里台过夜时，五个女生住在老乡家，可能火炕有毛病，睡到半夜着火了，把一些衣袜、被褥烧坏了，所幸没人受伤。

<u>1967 年 1 月 19 日</u>

今天我们来到塔山地区，瞻仰了塔山阻击战革命烈士纪念碑，听到了塔山英雄们为了革命，为了人民英勇战斗，不怕牺牲的事迹。我们长征队在纪念碑前合影留念。（可惜，照相机出了毛病，没照成。长征路上一直用它拍照，到北京后才发现一张也没照上）

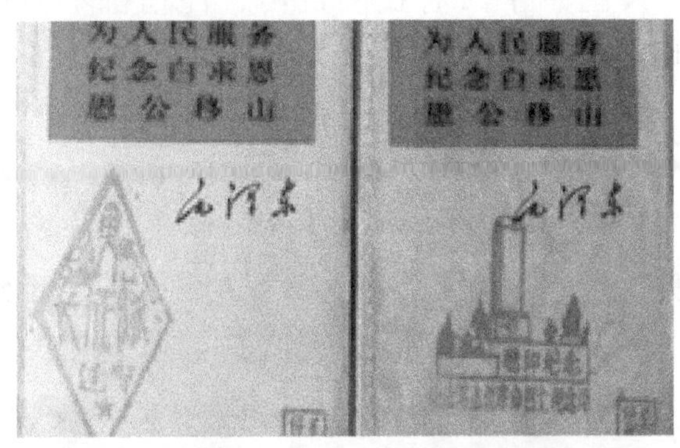

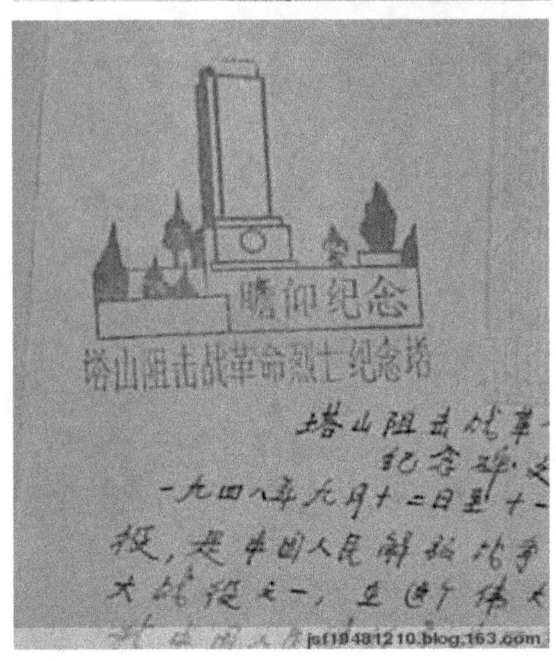

<u>1967 年 1 月 21 日</u>

昨天过了锦西，今天下午四点到达兴城。这是建于明朝的古城，经历几百年风雨侵袭，已经显得破败不堪，但城门、城墙尚存。本来应该继续走 18 里到曹庄公社，但到那里天已黑了，对我们宣传、住宿都不方便，所以全队停留下来，在这里作宣传演出、住宿。

<u>1967 年 1 月 23 日</u>

中午到达绥中县。下午稍事休息，决定进行一次夜行军，晚九点出发，走一夜。这样，从绥中走到前所农场，行程 92 里。这是我们第一次真正意义上的夜行军，将会遇到许多困难。大家都同意在夜行军中锻炼考验自己。……

<u>1967 年 1 月 24 日</u>

昨晚夜行军前，在绥中观看了辽大八·三一红卫兵、红色造反团毛泽东思想宣传队的演出。晚九点开始夜行军。这次夜行军对我们确实是一次考验。由于白天从望海赶到绥中，下午又到街上看大字报，往家邮鞋，没好好休息，所以行军时困得很。困，成了最大的困难。困得最厉害时，只觉得天旋地转，两眼发直，发黑，两腿不由自主地乱动，左右摇摆，几乎就要摔倒。半夜行军，天很黑，走的又不是大路，遍地蒿草和芦苇，不辨东西，走了半天，发现又绕回已经走过的村庄。（那时，辽西盘锦一带还没有开发，我们是走在芦苇丛里）走到一片沙滩前，茫茫一片，没有道路，远处坟茔到处，鬼火跳跃，惊得我们困意全无，四

处寻找道路。我们用指南针对准西南方向，走进芦苇丛，坚定向前。真是"山穷水尽疑无路，柳暗花明又一村"一条大道在眼前！饱受折腾的我们，累得纷纷倒在修路用的路旁砂石堆上休息，有的同学马上就睡着了。我发现脸上一层很厚的白霜，摸到手上用舌头一舔很咸，原来汗水干后变成盐。大家都腿疼，人人都脚上打泡，腿脖子发肿。

经过一夜行军，来到了距离前所农场 16 里地的高岭公社，行程 76 里。原计划夜行军从绥中走到前所农场，行程 92 里。虽然没有实现预定计划，但大家感到很兴奋，很自豪，因为我们得到了一次难得的锻炼。

<u>1967 年 1 月 25 日</u>

今天，我们《万里红》长征队终于来到了闻名天下的天下第一关，山海关。

雄关漫道真如铁，而今迈步从头越。

天高云淡，望断南飞雁，不到长城非好汉，屈指行程二万。

我《万里红》誓师入关，看到了雄伟的万里长城，看到了高挂在山海关城楼上的书写苍劲的"天下第一关"牌匾。我们已走出东北，走出辽宁，来到了河北省，距离毛主席身边更近了一步。

我们被安排住在解放军接待站里（山海关东大营炮校）。解放军一切行动军事化，处处突出毛泽东思想，突出无产阶级政治，给我们留下了很深的印象。解放军饭前饭后必学毛主席语录，饭前饭后向主席像敬礼，唱语录歌……

上午，在山海关我登上了万里长城，我们沿着长城往山上走。长城又高又险又长，几千年的风吹雨打，有些地方已塌陷破损，砖石全无，露出了城墙里的泥土。几千年前，就是勤劳、勇敢、智慧的中国劳动人民一把土、一把汗、一身血，筑起了这名扬天下的万里长城。登上蜿蜒在山上的长城上，举目眺望，心胸感到无限宽广。中国的先辈能造出这样雄伟的万里长城，他们的后辈就一定能把帝国主义、修正主义、反动派和地球上的牛鬼蛇神消灭埋葬在长城之下。

1967 年 1 月 26 日

晚上走到了秦皇岛市。

1967 年 1 月 29 日

在秦皇岛停留两天后，继续前进，今天到了抚宁县。在秦皇岛时，我们看到了解放军驻秦部队的武装示威游行，一辆辆军车上站满荷枪实弹的战士，还有炮车拉的一门门大炮。全副武装的军队表示坚决拥护毛主席的指示，坚决支持革命造反派的夺权斗争，警告顽固执行资产阶级反动路线的走资派，谁敢反对革命左派，坚决镇压。一小撮党内走资本主义道路的当权派打着红旗反红旗，反党反社会主义，反对毛主席，必将被用毛泽东思想武装起来的革命造反派打翻在地。在秦皇岛还看到了许多大字报，有关于彭德怀、罗瑞卿、陆定一、杨尚昆反党集团罪行的材料，有北京夺权斗争的报道，清华井冈山等首都三司造反派已经接管华北局、北京市委、市公安局、中宣部、教育部等大权，李雪峰的市委第一书记已撤职，吴德继任等。甚至还有揭发朱德、贺龙罪行的大字报，有些事情看不明白……

<u>1967 年 1 月 31 日</u>

在抚宁县停留了一天，参加了军民春节联欢。我们《万里红》长征队也上台演出了自己的节目，我们表演了老大妈带领妇女队员学语录，笛子独奏，三句半，很有意思。

今天到了卢龙县。

电台广播，我国留欧学生回国路过莫斯科，到红场向伟大导师列宁和斯大林致哀。他们高举毛主席语录，高声诵读主席语录，苏修竟然出动军警、特务，野蛮殴打我手无寸铁的留学生，将九人打伤，六十九人均遭毒打。这是苏修反华犯下的又一罪行。……

<u>1967 年 2 月 1 日</u>

今天走到王店子，住在苏庄。苏庄地区是当年的抗日根据地，这里的人们经历过严酷的战争考验，觉悟很高。晚上我们参加了批斗阶级敌人大会，批斗漏划富农、变节投敌、残害许多共产党员的反革命分子张震。贫下中农对阶级敌人恨之入骨，爱憎分明，对我们教育很大。

1967 年 2 月 2 日

昨天走过丰润县，到达高力铺。今天早晨从高力铺出发，经过闫家铺，沙流河，亮甲店，玉田县，到达彩亭桥，行程 73 里。

在彩亭桥做了一次宣传演出。

在广播里得知，黑龙江省新生了！黑龙江的革命造反派实行大联合，大夺权，取得了伟大胜利。宋任穷、潘复生、俞屏等领导干部勇敢站出来，坚决支持造反派，站到毛主席革命路线一边。

1967 年 2 月 3 日

今天从彩亭桥急行军赶到段甲岭，行程 92 里。到段甲岭后，接连在大队和接待站做了两次宣传演出。

1967 年 2 月 4 日

今天从段甲岭赶到燕郊。这里离北京只有六十多里路了，北京在望！有个同学独自行动，离开队伍，自己赶路，结果与集体脱离联系。大家非常着急。据碰到过她的长征队说，她也很着急。天又黑了，容易出危险。我们派了三名同学连夜赶到通县找她，明天汇合后进京。

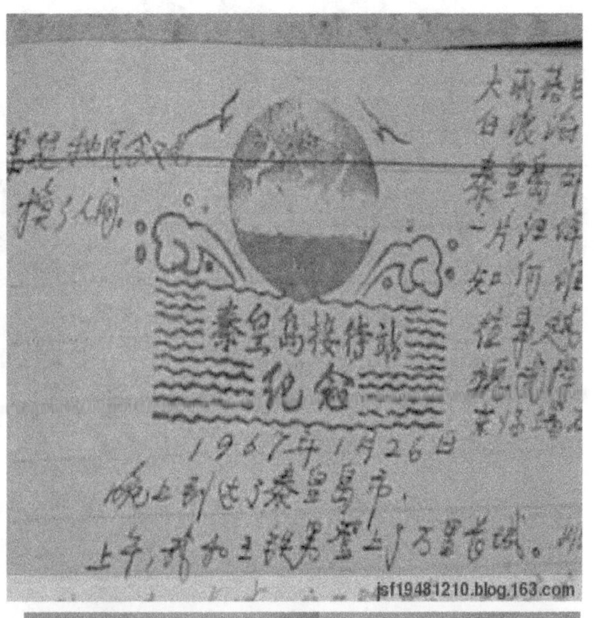

（4）进京

<u>1967 年 2 月 5 日</u>

我们《万里红》长征队胜利地到达了北京，来到了无产阶级文化大革命的发源地——北京。眼望着北京城，踏在北京的大道上，看着雄伟的天安门，心情似海如浪，激动得很。离别了三个月，今天我又回到了北京！一个月前的今天，我们誓师出征离开沈阳，一个月后的今天，我们誓师进京来到首都。以前我们说：不到长城非好汉！不到北京非好汉！今天我们可以自豪地说：我《万里红》长征

一月，经历千难万苦，经风雨，见世面，步行来到了北京！以后我们又要说：不到井冈山非好汉！不到延安非好汉！

一走进北京，就感到一种强烈的革命斗争气息，造反大旗遍街可见，夺权壮语比比皆是。大街上大字报、大标语密似海洋，人人口中谈论的都是文化大革命……

可以说，在北京串联将会得到极大收获，对文化大革命有更深认识。

我们还不知道将被分配到哪里，但愿能分配到大学、文艺团体或机关。那样串联方便。

预计在北京停留十五天，然后继续长征……

1967 年 2 月 6 日

昨天进京，到今天上午，接待站还没有给分配住处。赴京长征队太多，都在排号等待分配。我们是 7995 号，现在还差二百多号。昨天夜里停止分配，我们只好和别的长征队挤在接待站大楼大厅石板地上睡，后来搬到前门饭店大楼里睡。他们热情接待我们，借给我们四条大地毯铺在地上，全队在一间屋里和衣而睡，虽然没有被，但还过得去。

1967 年 2 月 7 日

今天我们《万里红》长征队的同学到苏修大使馆抗议示威，强烈抗议苏修混蛋残暴镇压我国留学生。

<u>1967 年 2 月 8 日</u>

我们全队到八宝山烈士陵园凭吊为革命牺牲的先烈。

（5）尾声

<u>1967 年 2 月 10 日</u>

中共中央、国务院发出通知，长征停止，返校闹革命，三月初开学。很遗憾，我们的长征将不得不到此结束……

后记

《文革长征的回忆》基本采用了本人当年日记原文，可以从中体会当年的氛围。对于经历过文革的人，那个畸形时代给每个人留下的印记是很深的。此文延续了"文革记事"的原则，即如实撰写当年的人和事，为后人留下可供参考的资料。对文革时期疯狂年代的疯狂事物，我们可能无法深刻理智地去评判对与错，好与恶。历史还是由后人评说吧。

写在长征队袖章上的途经地名。

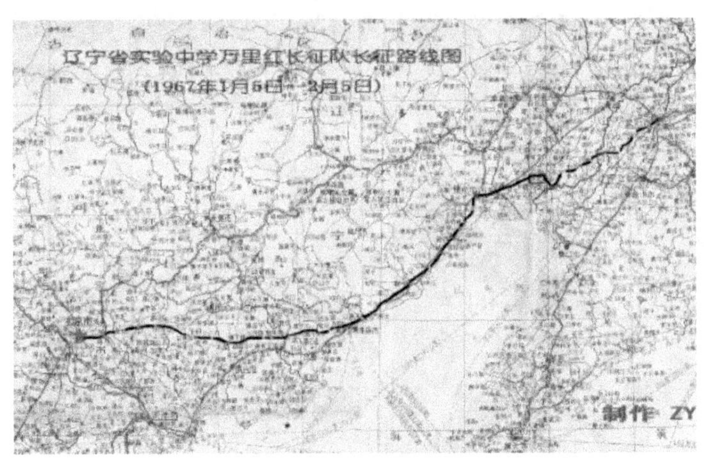

《万里红》长征队长征路线图

第四章 硝烟四起

1967 年的春夏之交，文化大革命进行的第二年，全国各地狼烟四起，武斗不断。由于政见不同而形成的派别之争已由大字报、大辩论演变成充满仇恨的武斗，特别是在党中央决策层决定人民解放军要支持左派群众组织，坚决支持文化大革命的进行后，各地驻军的领导层坚决支持其认定的左派组织，镇压、取缔其认定的保皇派、右派组织，更加深了派性对立。军方的介入，造成了全国各地革命造反组织的进一步分化和对立。各省军区负责人的认知水平、思想意识就决定了不同群众组织的命运，从而写就了中国文革运动更加坎坷崎岖的历史。本人亲身经历了这场运动，手里存留有文革时期出版的大量报纸、杂志，自认有条件向网友们介绍一、二，有不当之处，还望交流赐教。

（1）全国混战

河南省的"二七公社"，是造反较早、人数众多的著名群众组织。1967 年二月，河南省军区在支左初期时，认为"二七公社"组织不纯，其成员家庭成份复杂，是一个反动组织，必须予以取缔、镇压。成千上万"二七公社"的成员被捕、投入监狱，造成成千上万家庭的妻离子散。河南省军区先后发布《严正声明》、《告全省人民书》，解散与"二七公社"观点相同的众多群众组织，许多普通成员被挂黑牌游斗、请罪。声称一定要摧垮"二七公社"，肃清"二七公社"流毒。

随着不服迫害的人的不断进京上访，中央文革做出了决断。七月二十二日，河南省军区发表声明，承认参加支左犯了方向、路线性错误，承认"二七公社"是真正的革命造反派组织，全部释放被捕人员，为"二七公社"平反并坚决支持"二七公社"今后的一切革命行动。在其后成立河南省革命委员会时，"二七公社"成了掌权派。历史真像一个万花筒，让人捉摸不定、不知所以然。

同样是 1967 年的二月，湖南省军区在支左中认为"长沙工联"、"湘江风雷"组织不纯，成份复杂，宣布这些

85

文革时著名的造反派组织为反动组织，坚决取缔、镇压，随后进行了大规模的抓捕、游斗。也许由于湖南是毛泽东的家乡，毛主席亲自过问了这件事。1967 年八月七日，毛泽东批示同意发布《中共中央关于湖南问题的若干决定》，宣布中央文革小组对湖南省军区二月三号关于"湘江风雷"报告所发的"二·四批示"是错误的（即镇压"湘江风雷"是错误的），"湘江风雷"的对立面湖南省"红联"、"高司"等才是保皇派组织，应予取缔、解散。与河南省军区负责人之后被调离、处理一样，湖南省军区负责人也被调离、处理。就是在那时，后来曾一度担任中共中央主席的华国锋被解放出来，成为湖南省革命委员会筹委会的重要成员（这之前华国锋作为湖南省委书记一直受到各派群众组织的批斗），并在之后成立的湖南省革命委员会里成为主要领导。

最为令人震惊的是发生在湖北武汉的"七二 0"事件，这一事件必将由于其在中国文革历史中所具有的震撼性，代表性而载入史册。也是 1967 年的二月份，武汉军区在介入地方文革运动的初期，认为以"武汉工人革命造反总部"为首的革命造反派组织进行的"一·二六"对省、市委的夺权活动是一小撮坏份子煽动策划的反革命行动，必须坚决镇压，其组织予以取缔、解散。大批"工总"成员被捕、游斗和抄家。与此相反，"武汉工总"的对立面"百万雄师"则借机崛起，壮大了队伍，同时也为日后的"七·二 0"事变拉开了序幕。当时间走到七月时，局势发生了大逆转。受周恩来总理、江青等的指派，谢富治副总理、空军司令吴法宪、空军政委余立金、中央文革小组成员王力等到武汉召集武汉军区司令陈再道、政委钟汉华等高级军官开会，宣布中央文革的决定。周恩来指出：武汉军区支左工作犯了严重的方向、路线性错误，必须发表声明，承认错误，为"工总"彻底平反、翻案，释放全部被捕人员。同时明确指出：武汉军区参加支左的八二〇一部队是支保的急先锋。七月十九日晚，武汉军区大院灯火通明，由王力向武汉军区师级以上干部传达中央文革的"四点意见"，八二〇一部队的师长要求发言，被王力严辞拒绝。八二〇一部队的师长、政委甩袖退场。出来后拍桌打椅，叫嚷道："拼了！"。于是，震惊全国的"七•二〇"兵变发生了。

1967年，武汉"7.20"事件（十）

武汉"百万雄师"的武斗宣传车

1967年，武汉"7.20"事件（2）

七月二十日凌晨，几卡车"百万雄师"的暴徒开始冲击中央首长的驻地——武汉东湖宾馆，扬言要谢富治、王力必须去军区回答问题。同时军区门口和大院内集结了成千上万手持大刀长矛的"百万雄师"队伍和全副武装的八二〇一部队，其中一部分已经开始向东湖宾馆移动。见情势危急，谢富治、王力把陈再道、钟汉华找来，陈、钟表示无能为力。当时守卫东湖宾馆的部队也是八二〇一的人，他们打开大门放任"百万雄师"和参加兵变的八二〇一军人长驱直入。清晨六点，暴乱人员占领了谢富治、王力居住的二号楼走廊，将谢、王揪到院内草地上，对其随行人员大打出手。他们将谢富治推进房间，把王力抓到汽车上，撕掉他的领章、帽徽，扯破军装和内衣，拉到军区大院里游斗、殴打，使王力全身多处受伤。随后，武汉的大街小巷贴满了大标语："王力的四点指示是大毒草"、"谢富治受蒙蔽，王力靠边站"、"打倒谢富治、打倒余立金、绞死王力"、"坚决支持四川产业军的一切革命行动"、"向王力讨还血债"。市内最繁华的武汉路口更贴着特大标语："百万雄师顶天立地，气壮山河"、"谁为工总翻案决没有好下场"、"武汉军区支左大方向就是正确"。与此相对，武汉钢二司、工总、九·一三等则贴出大标语："百万雄师炮打中央文革罪该万死"、"陈大麻子（指陈再道）纵容八二〇一炮打中央文革罪该万死"、"百匪绑架王力同志是反革命行为"、"谁炮打中央文革谁就是反革命"。百万雄师的武装车队开上了大街，车队最前面的是八二〇一部队，车头上都架着机关枪，人人荷枪实弹，杀气腾腾，胳膊上都戴着"百万雄师"、"红武兵"、"红三司"的袖标。车载喇叭高吼："踏平工总！镇压反革命！"。八二一六部队和部分空军人员也参加了武装示威，加上百万雄师及同观点群众组织的参加，有超过四百辆以上的汽车开上街头。这种军队和民众并肩对抗中央的浩大场面确实是中国文革历史上罕见的一幕。

　　地方诸侯对抗中央政权的举动只会招来严厉的惩罚。几天后谢富治、王力安全回京时，北京百万人聚会天安门广场，愤怒声讨陈再道、钟汉华反革命罪行。毛泽东指定的副统帅林彪措辞严厉的讲话为"武汉七·二０反革命暴乱"定了性。联系到武汉问题的处理是中央文革小组决定

　　的，而毛泽东的夫人江青则是中央文革小组的副组长，实际上的决策人，不管其处理决定正确与否，陈、钟之辈只能俯首听命，决不允许犯上做乱。武汉军区的改组整顿、陈再道、钟汉华的被隔离审查就是必然了。

　　文化大革命最引人注目和震撼人心的就是遍布全国各地持续不断发生的大大小小的武斗事件，这些由派性对抗引发的大规模流血武斗事件，集中反映了文革运动的残酷和野蛮，反映出一个民族、一个国家走向成熟、进步和崛起、强大的道路有多么艰难曲折。文革时期各地不同派别之间的武斗，都冠以"文攻武卫"之名，其实就是人民之间血腥的内战。

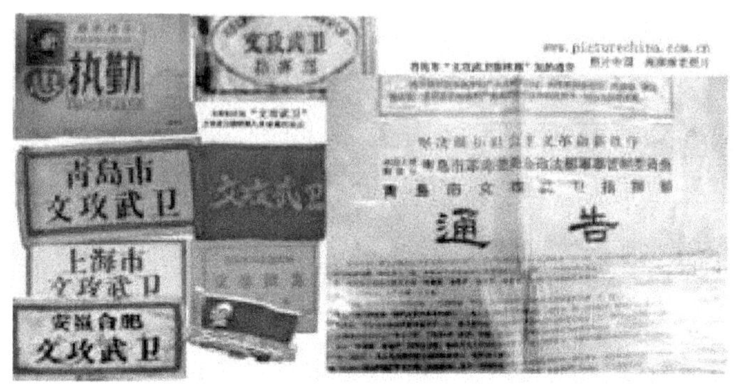

（2）沈阳巷斗

马路湾地处沈阳市繁华闹市区，位于五条一级马路交汇处。文革时期，1967 年的夏天，围绕马路湾发生了多起武斗事件。事件均缘起于江青的"七·二二"讲话，当时号称"文化革命旗手"的中央文革副组长江青在接见河南造反派时发出了"文攻武卫"的号令，之后的华夏大地便烽烟四起，武斗不断，各地各派纷纷拿起了武器，互相残杀。沈阳市的三大派"辽革站"、"辽联"、"八三一"纷纷抢占各市区的制高点，"辽革站"基本抢占了马路湾地区的各高楼大厦制高点，从而为以后的派性武斗占了先机。占据这里的主要有辽革站派所属的沈阳电力学校联合部、新华书店、铝镁设计院和二０二医院的武斗队。

1967 年 9 月 12 日，辽联派所属的"毛泽东思想红卫兵沈阳总部"举行游行示威，强烈抗议印度政府杀害我解放军战士的滔天罪行。队伍行至马路湾人民旅社时，遭到辽革站"电校联合部"的挑衅，骂辽联"思想兵"是"保皇兵"。辽联"思想兵"回骂他们是"臭无赖"。辽革站人就用木棒、墨水瓶、石块向游行队伍打来。辽联要求解放军前来制止武斗，辽革站以"思想兵打解放军"为借口，开始对游行队伍进行血腥屠杀。动用了小口径、半自动、冲锋枪、轻重机枪一齐向游行人群打来，五中一学生和沈阳药学院一女广播员当即中弹死亡。多人受伤，多人被绑架。辽联派出解决问题的六名代表也被扣留、打伤。

9 月 19 日，"八三一"的游行队伍在经过马路湾时，遭到驻守在制高点上的辽大红卫兵和电校联合部的袭击，他们向游行队伍投掷木棒、石头、瓶子，并用机枪扫射。当场打死三名"八三一"战士和一名过路的中学生，重伤三人，并抓去了十一名"八三一"战士，抢走两辆汽车。

10 月 1 日，辽联和辽革站的游行队伍在马路湾相遇发生争执，站在新华书店楼顶上的辽革站人员向辽联游行队伍抛打石头、砖瓦，打伤多人。

10 月 23 日，东北工学院"毛泽东思想红卫兵"的战士在马路湾写标语，刚要返校，辽革站"电校联合部"七、八十人冲过来，用石头猛打。并十多人一伙绑架毒打未跑开的辽联人员。同时二０二医院的辽革站派也用石头击打辽联派。东工"思想兵"闻讯立即派人乘车前来增援，进入二０二医院的楼内。楼内的辽革站人员向他们投掷手榴弹，当场炸伤一人，并从二楼用手枪射击，打死两人，重伤多人。还将辽联"机校东彪"一人打伤后从二楼扔下，摔成骨折。

（3）"黎明"惨案

1967 年 8 月 10 日下午二时左右，辽革站派的"黎明联总"、"沈矿革联"、"中捷厂联"等一千多名武斗队员，闪电式的包围了辽联派的"黎明造反团"驻守的 61 车间和黎明工人文化宫。切断了其与外界联系的电话线和桥梁。在这之前，先用铲车把五、六吨重的机床床身及大铁块堵住了通往黎明文化宫的大东、小东约五华里范围内的所有交通要道。配备了小口径步枪、机关枪、手榴弹、硫酸弹、汽油弹、火焰喷射器、身穿护胸盔甲、脸戴面罩的辽革站武斗队员，在掩蔽物后卧倒配合各点已安设好的土炮一齐开火。顿时枪声炮声大作，辽联派驻守的大楼硝烟滚滚，火光熊熊。

辽革站的载满武斗队员的十三辆汽车首先奔向 61 车间。由于 10 号是公司休息日，大量辽联人员都在家休息和外出办事，只有少数人在开会和执勤，双方力量对比悬殊。"黎明联总"用土坦克撞开大门，从墙外向车间里投掷手榴弹和燃烧弹，只有两层的车间立刻四处起火，门窗被炸得粉碎。这里的"黎明造反团"只有不到一百人，无法抵挡这样的攻击，多人死伤，四十多人被俘。

占领 61 车间后，"黎明联总"集中兵力攻打黎明文化宫。他们用 80-90 毫米的火炮猛轰文化宫正门，驾驶用汽

车改装的"坦克"闯入文化宫大门，文化宫门窗破碎，平台上一片火海，墙壁上弹痕累累。"黎明联总"杀进文化宫舞台大门后，用燃烧弹把桌椅堵塞的楼梯口点燃成一片火海。"黎明造反团"退守二楼，"黎明联总"开来消防车，用稀硫酸喷射！文化宫外的"黎明联总"广播车一直在高喊："踏平文化宫，消灭造反团！"，寡不敌众的"黎明造反团"死伤惨重，处境岌岌可危。夜色降临后，辽联派的援军赶到，在其火力掩护下，文化宫里幸存的六十余人撤离出来。

沈阳黎明公司"八·一0"武斗事件以"黎明联总"武力攻占黎明文化宫而宣告结束。

（4）丹东浴血

　　文革时期的丹东市主要有相互对立的两大派群众组织：辽革站派的"丹联"和八三一派的"丹东红司"。两派之间针锋相对，武斗不断。其中双方伤亡较大的就是发生在 1968 年初的"一·一三"武斗事件。

　　1968 年的 1 月 13 日早晨，"丹联"集中了近千名武斗队员，从四面八方包围了处于八道沟里的丝绸工业学校，占领了绸校四周山上的各个制高点，阻断了通往绸校的各个路口，将绸校置于重兵包围之中。随即"丹联"武斗队员手持机枪、冲锋枪向丝绸学校发动了武装进攻。绸校里的八三一派"绸校红联"凭借手里的武器顽强抵抗，13 号一天里打退了"丹联"的四次进攻，双方均有伤亡。14 号上午，"丹联"调集了六０炮、迫击炮等重型武器密集轰击绸校，震耳欲聋的枪炮声响彻八道沟地区。

这一天，"绸校红联"死伤惨重。15 日上午，"丹联"除了用迫击炮、六 0 炮更猛烈地轰击外，还动用了火焰喷射器。整个绸校和周围民居陷入一片火海之中。"绸校红联"的所有掩体全被炸毁，十多所民宅和绸校房屋被炸毁烧塌。炮火过后，"丹联"武斗队冲进绸校，在机关枪火力掩护下逼近座座房屋，再用火焰喷射器扫清道路。众寡悬殊、处境危急的"绸校红联"被迫撤退突围。有二十几人被俘后被当场枪杀，其中就有"丹东红司"常委周军、赵刚。

为武斗战死的人开着悼会

（5）武汉虐杀

武汉人民文化园位于汉口中山大道上，以人民文化园为中心的几幢大楼，文革时一直被武汉工总、"九·一三"、武汉二司、三新等造反派占领。设在这些楼上的广播站的高音喇叭，每天都向市民播放本派的新闻、大字报，这自然成了对立派"百万雄师"、"红武兵"、"三字兵"等的眼中钉、肉中刺，必欲除之而后快。

1967 年 6 月，得到军队支持的"百万雄师"，继占领汉阳之后，很快又夺占了造反派设在汉阳、桥口、武昌等地的各个广播站。接着又在江汉公园、桥口、汉桥区委、江汉区委、市委、大新路小学、江汉关、水塔、井冈山大楼、沿江大道、解放大道等要地进驻了大批全副武装的武斗队，按上据点，对人民文化园形成了包围圈。

6 月 17 日，"百万雄师"先派大批人手持长矛卡住了长堤街、民族路、民权路、清芬路、前进一路、友谊路、中山大道上的重要路口，并在龟山脚下设下埋伏，禁止通行。下午一时许，盘踞在江汉公园的几千名"百万雄师"开始冲击人民文化园的前哨-中南旅社。接着对中南旅社附近的两个制高点——财贸大楼、会宾餐馆发起了进攻。几十名驻守在楼上广播站里的武汉钢二司战士被打死、打伤，很快占领了财贸、会宾两楼（两幢楼相连）。驻守在人民文化园的武汉"工总"、工造总司'铁军'、"九·一三"、"二司"、"三新""新一冶"等造反派立即组成四十五人"敢死队"，前去出击抢救。此时早已准备好的埋伏在铜人像附近的几千名"百万雄师"闯进大楼，围杀这进入虎口的敢死队员。敢死队终因寡不敌众，大部伤亡，有七人分别从二楼、三楼跳楼逃生，"百万雄师"将摔成重伤的人拉上四楼平台，当众杀戮，然后扔下四层楼！

得知失利消息的"工总"派又组织了三辆卡车的人员前往增援。路上遇到武汉军区派来的六辆宣传车（其中两辆有广播喇叭，其余都是战士），横阻马路。其用意当然是制止武斗。军区"支左"人员出面主持要求武斗双方代表及军代表到新华书店门前进行谈判。"工总"方派出

"九·一三"成员李家华参加谈判。当李和军代表进入谈判地点后，"百万雄师"代表则迟迟未到，这时从楼上向下抛打砖瓦石块，李和几名战士受伤。"工总"派见状马上驱车冲击，但只有一车人（三十八名）闯入"百万雄师"阵地，后两辆车却被军队战士拦住。孤军深入的这车人陷入了前后无援的境地，几千名"百万雄师"一拥而上，刀砍斧劈，司机先亡，车上的人大部分非死即伤。

晚上七点多钟，"百万雄师"出动了两台消防车，由江汉公园发射信号弹，用信号灯指挥，围攻"工总"驻守的大楼。进攻中使用了毒气弹，烟幕弹，六六六粉，浓硫酸等化学武器，打死、打伤、烧伤"工总"派和围观群众无数。这场武斗从十七日下午一直持续到十八日上午九点，时间长达二十小时。在"九·一三"兵团联合武钢、一冶等"工总"派武斗队大批人员前来增援参战后，"百万雄师"退出了财贸大楼。武汉"六·一七"武斗，双方死亡一百多人，重伤数百人。

一九六七年六月四日，上海工人革命造反总司令部（工总司）辖四个水电机械厂工人纠察队[illegible]

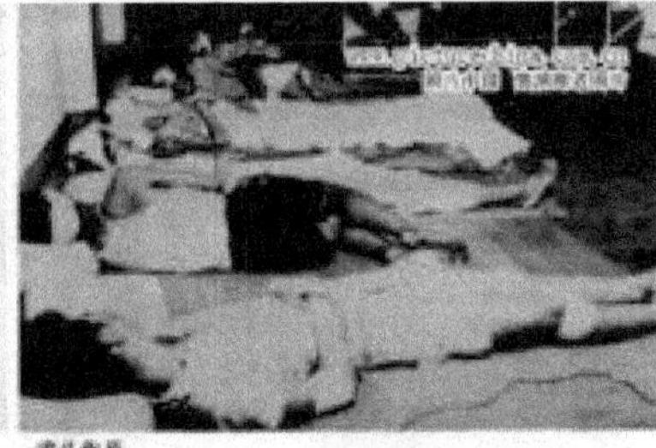

武斗图片

（6）广西屠城

广西在文化大革命时主要存在两大对立派别："四·二二"和"联指"。

广西军区支左初期曾打击、压制"四·二二"派，在中央文革批评其支左工作犯了方向、路线性错误后，表态"双支持"，但倾向性还是很明显。1967年9月，广西玉林专区的"联指"派大肆"抢夺"军分区、各县人武部的武器装备，并进占各县公、检、法机关，抢占了大批枪支弹药，壮大了武斗队伍的实力。10月9日，"联指"在玉林新桥公社五金大队把各县"联指"观点的武装民兵和"联指"骨干集中整训，灌输"四·二二"是"牛鬼蛇神"，是"反革命"，必须坚决镇压。同时在农村大搞签名划押具保运动，不准"四·二二"立足。从 11 月开始，"联指"调集了专区八个县不明真相的农民和经过五金培训的武斗队员近万人，动用了榴弹炮、八二炮、六０炮、轻重机枪、炸药包等现代化武器，采取集中优势兵力逐个吃掉"四·二二"据点的办法，先攻下了玉林福锦。11月21日攻下桂平，11月26日攻下平南，12月攻下容县梨村。"四·二二"派伤亡惨重，二千人被杀，近万人被俘。"联指"完成了"农村包围城市"的目标，锋芒直指广西"四·二二"在桂东南的心脏——玉林州佩。1968年2月3日，"联指"以"检阅"为名在玉林城集中了近万名武斗队员，配备了医护人员、电话员，集中了山炮、六０炮、八二炮、榴弹炮、土坦克、轻重机枪一白多挺及各式步枪。2月6日清晨，"联指"从新大众印刷厂开始向"四·二二"控制的玉林州佩最高点——万花楼开炮轰击。共发射六十多发炮弹，炸毁了该楼的东西两面墙后，"联指"的高音喇叭高喊："英雄的联指战士，冲啊！坚决踏平州佩！"，随后，在密集的机枪火力掩护下，"联指"武斗队用烈性炸药包炸开缺口，成批人蜂拥而上，用冲锋枪、机关枪等强大火力向万花楼猛扫，并很快攻下了万花楼。随后"联指"又先后攻下了州佩的十五、十六、十七、十八等队和粮修厂。"联指"的包围圈越缩越小，大炮轰鸣，枪声震耳，"四·二二"的处境越来越危险。6号晚上广西壮族自治区革委会筹委会来电命令"联指"停止进攻"四·二二"据点。但是"联指"又在7号下午对广西"四·二二"在玉林的最后据点——"四·二二"玉林总指挥部发动了全面进攻。枪声、炮声、燃烧弹炸药包的爆炸声响彻玉林城上空。玉林"四·二二"终因众寡悬殊，弹尽粮绝，指挥部和红卫大队等内围重要据点相继失守，"四·二二"死伤惨重，被迫突围撤离了玉林州佩。

桂东南反革命叛乱记述

广西4·22
南疆红旗
中央首长重要讲话
桂东南反革命叛乱记述

第五章 亲历纪实

无产阶级文化大革命的第二年，派系斗争已经从文斗转化成武斗。全国各地的党政机关、公安局、检察院、法院、各种政府组织几乎全都陷于瘫痪，亿万中国人在万岁万岁万万岁的"造神运动"迷惑、支配、驱使下，相互间展开了疯狂的诬陷、伤害、厮杀，形成了罕见的无政府状态。那时的国人除了伟大领袖，几乎对谁都不相信，都不拥护。伟大领袖所倡导的大鸣、大放、大字报、大辩论的四大自由演变成了大刀、大炮、大屠杀、大动乱。在那三年里，不知有多少无辜百姓成为冤魂怨鬼，至今无法讨回公道。文革期间，本人就亲身经历了多次危险。曾讲给我的朋友、同学、同事们听，一些 80 后的朋友、同事都不相信那会是真的。

（1）面对枪口

1967 年夏天的一天，我到同学家去玩，他家位于辽宁中医东边的省粮食厅家属宿舍。将近中午的时候，我拿着他给的油印歌本离开他家返回学校。

走到马路上，这是一条横贯东西的大道。路南是辽宁中医学院、附属医院及各类机关学校和民宅，路北则是大片绿油油的水稻田，水稻田北面紧临中共中央东北局。时近中午，马路上行人稀少，太阳热辣辣地晒到身上，让人受不了，我加快了脚步想快点回到学校。当我走到沈阳财会学校附近时，从路旁的小树林里走出了几个人，看见他们身穿草绿色的棉军大衣时，我的心紧缩了起来。三伏天穿棉大衣意味什么这对当时的人来讲是再清楚不过了。他们向我围了过来，我站在路上不动，实在是因为不敢动。当他们从棉大衣里拿出冲锋枪和手枪对准我时，我下意识地回头向身后的马路上看去，只见三十多米外的马路上有两个骑车人慌忙撇下自行车趴到马路上，再远一点的人则躲到路边或回身急奔而去。

面对枪口，我举起双手，一个留有小胡子的年轻人走过来搜身，他先在我身上从上到下摸了一遍，看样子是查枪，确定我身上没有枪后便从我手里抢去歌本，边翻看边说道："你是哪个学校的？哪派的？"我说："省实验中学的，哪派也没参加。"他很怀疑地说："看来是逍遥派喽？怎么这歌本是思想兵出的？"我说："这是同学给的，他从哪儿弄来的我也不知道。"此时沈阳的三大派之间的争斗已经进入白热化。不同派系、不同观点之间的分歧，随时可能演化成流血事件。所以，在不熟悉的环境里，决不能轻易暴露自己的派系和观点。这时另一个年龄大点的人走过来说："别害怕，辽联的人和我们还是朋友嘛。"他指着歌本说。我知道他看见歌本封面上印着毛泽东思想红卫兵沈阳总部的名头，以为我是辽联派的。既然他认辽联派的人为朋友，就说明这伙持枪拦路的人一定是八三一派的，而财会学校地处八三一派控制的地区，我知道财会八一八是沈阳八三一派的骨干力量之一，他们肯定是财会八一八的。（注：1966 年——1968 年是文化大革命的第一阶段，当时的沈阳地区主要有三大派——辽宁无产阶级革命派联络站，简称辽革站；辽宁革命造反派大联合委员会，简称辽联；辽宁八三一革命造反总司令部，简称八三一）这期间我最害怕的就是那只一直对准我的枪口，一旦走火我这条小命可就交代了。"各位大哥，我真的哪派也没参加。"小胡子挪开枪口说："那好，这歌本就给我吧。"我忙说："没问题。""快走吧，别在这儿嘁蹭了。"我如遇大赦转身就走，走出很远很远也没敢回头看一眼。

武斗队出动时，都乘坐敞篷汽车。平民百姓在街路两旁观看武斗队汽车风驰电掣，是那时的一大景观。一天上午，我和弟弟正在铁西区建设大路的人行道上走着。忽然，远处有许多辆武斗车由西向东开来。敞篷汽车上站着荷枪实弹的武斗队员，头上都戴着柳条帽，左臂戴着红色派别袖标。每辆汽车头上都架着机关枪。车门两旁踏板上站着的人嘴里还叼着刀，手里挥舞着手枪，好像我们曾在电影里看到的情景一样，让人感到又好笑又可怕。似乎是为了展示自己的威风，为了演示自己的野性，他们居然开了枪。车头上的机关枪打着点射，车上的人朝天开枪，而叼刀的人居然朝旁观人群的头上开枪。听到近在耳边的飕飕枪声，人们吓得四散奔逃。我拉着弟弟躲到墙角处，那子弹可不长眼睛啊。后来听说，有几个小孩被乱飞的子弹打伤了。

也是在 1967 年夏天的一天，我正和同学在太原街行走。当我们走到太原街北口的小十字马路（原外文书店处），忽然看见有两个人手持冲锋枪站到路口中央，端起手里的枪平放朝着南向的太原街似乎要射击。我们吓坏了，急忙相偎躲到当时的四季面条部门口。这两人应该是大学生，手里的枪只应该在武斗时向敌对方射击，可这里是繁华街市，有那么多老百姓在街上走着，他们不会向这些人开枪吧？可是，他们居然开枪了，端枪扫射时的随意，搂动枪机时的得意，真令人心寒心怵。我当时就在想，不知谁倒霉挨了枪子，那可怎么办哪？不知是哪派的人，怎么能这么干呢？扫射一阵后，他们转身向东也就是向我们藏身的地方走来。我们俩吓得直打哆嗦，眼睛一直盯着他们手里的冲锋枪，祈祷那枪口可别对准我们。他俩都戴着墨镜，大概不想被人认出来吧。他们从我们身边走过去，走向沈阳医学院（现在的中国医大）。他们没敢对近在咫尺的人行凶，可能心里也害怕吧。

（2）战场体验

1967 年夏天，中国的文化大革命进入了第二年。经历了文革初期的校内揭批当权派，游斗教师里的牛鬼蛇神；校外的"破四旧"，大串联；加入了进京朝圣的逾千万人的滚滚洪流去经受"心灵的洗涤"；耳闻目睹了冬、春季各省市特别是沈阳市各大机关、部门的夺权、反夺权，"造反派"和"保皇派"的上台、下台；特别震惊于武汉的"七.二〇兵变"和文化革命旗手"江青"发出的"文攻武卫"号令。这一切就像万花筒里的图案一样变幻不定，让我们这些涉世太少的中学生不知所措。我们只是凭着感觉去走，喜欢参加运动的同学就分别参加了不同的派别组织，而更多的同学则猫在家里，成了"逍遥派"。

我参加的是八三一派，就是实验中学的"红卫兵战团"。我们校离辽宁大学不远，辽大八三一既是校内的多数派，更是沈阳乃至辽宁八三一派的核心骨干力量，所以，我们几乎每天都要跑到辽大去看大字报，打探消息、索取资料。回来后编写传单，刻写钢版，用油印机制作出传单，大家分头出去到闹市区如太原街、南站、北市场、北行等地散发。我喜欢在公共汽车上从窗口向外散发传单，更喜欢在太原街联营公司那样的高楼上向下抛撒传单，那情景很像在电影里看过的地下工作者在敌人心脏里从楼上抛撒革命传单一样极有刺激性。当然，在抛撒传单时我从不给身边的人，因为那有危险，要是被反对派盯上就麻烦了。

记得大概在八月初的一天，我们在学校宿舍楼三楼的战团驻地寝室里忙着编印为八三一派呐喊助威的传单。《大砍刀》战斗组的同学跑上来告诉我们一个消息："空字 023 红总和联司打起来了，双方刚开始还是用砖头、棍棒干，现在都用上教练弹了。"大家顿时振奋起来，纷纷要去支援红总，参加战斗。空字 023 部队是一所军事院校，和实验中学一样位于黄河大街旁，离我们学校南边不远。文革时空字 023 分成观点对立的两大派，即"023 红总"和"023 联司"。在社会上，"023 红总"加入了"八三一"派，而"023 联司"则加入了"辽革站"派。在 023 校内，"红总"派人数多，力量大，且又地处沈阳八三一派的皇姑区根据地，按理说"联司"应该撤出去，更不应挑动武斗，但听说最近"联司"得到了辽革站派里有名的武斗先锋"黎明联总"、"机校革造"武卫队等的支援，有心继续坚持下去，就像坚持战斗在铁西广场附近沈阳啤酒厂麦芽车间大楼里的八三一派一样，那里可是辽革站的根据地。至于今天空字 023"红总"和"联司"之间的武斗到底是怎么发生的，我们不知道。但我们不能眼看紧邻的战友遇难而不援手，于是，戴上柳条帽拿起自制的长矛扎枪，我和十几名"红战团"的同学一起，赶往空字 023 驻地。

我们气喘吁吁地赶到那里，从已经破损的围墙处冲进去。只见宽敞的院子里有许多人头戴柳条帽，手里挥舞着大刀、长矛，呐喊着向前方运动。从其胳膊上佩带的袖标上看应该是八三一派的人。前方几十米处是部队营房，营房是起脊的平房，东南北三面连体，就像"口"字缺了下面一横那样形成的一个院子里正在发生激烈的武斗。空字 023 "联司"的人占据着营房，"红总"的人正在攻打营房。"联司"许多人站在营房上用砖头、瓦片向下打，当"红总"的人冲近营房时都被打得头破血流，时而还炸响几颗教练手榴弹。那时大规模武斗刚刚开始，还没人敢用真枪实弹进行武斗。当时谁也没有想到，只不过几天之后，"黎明联总"就使用真枪实弹攻陷了"辽联"派的"黎明文化宫"。双方的武斗陷入僵局。

过了一会儿，几辆敞蓬汽车冲了进来，车上站着一些头戴柳条帽、手持大刀长矛的武士，迎风飘舞的大旗上写着"高压驱虎豹"、"电校八一八"。原来是八三一派的敢死队前来助阵。只见汽车直开到营房近处，车上的人迅速跳下车。同时，"联司"的砖头、瓦片也如雨飞来，几个"联司"的人手持扎枪从窗户里跳出来，直奔汽车司机而去。我亲眼看见打开车门欲跳下的司机被扎枪捅个正着，鲜血喷涌而出。啊，一直在观战而不敢冲上前去的人们顿时爆发出了不约而同的呐喊，冲啊，杀啊，我和人群一起冲了上去。那时的场景直至今日还是历历在目，我只觉得热血在沸腾，胆气在上升，"为战友报仇"，"血债血偿"。人们蜂拥而上，仿佛头上已经没有飞舞的砖头、瓦片，只有冲锋向前。战局马上发生了巨变，023"联司"的队伍迅速撤离营房，向后跑去。我夹在冲锋的人群中向前冲，前面的"敌人"距自己只有四、五十米远。我们是沿着营房北面外侧的马路向前冲，我几乎冲在最前面。

突然，前面的"敌人"停止逃跑，返回身来往回冲了。我愣住了，这是怎么回事？一个"红总"战士急忙拉住我喊：快撤！我看见对方离我只有二、三十米远了，他们手中的扎枪几乎就在我的眼前晃动。我吓得急忙转回身逃走，直跑得喘不上气而且确定后面没有追兵才停下脚步。再回头看才知道，刚才"联司"的反攻只是"缓兵之计"，为掩护大部队撤退的无奈之举。再看看我自己，汗水已湿透了衣裳，裸露的小腿上已经挂彩，流血了。原来是被飞来的瓦片划伤的。当然，我和同学们撤离了战场，返回了学校。

后来听说，那场武斗双方都伤亡了一些人，而空字023"联司"也于当天全部撤离了学校。也就是说，这场武斗的结果，空字023"红总"取得了胜利。

这就是我在文化大革命中参加过的第一次也是唯一一次武斗。

（3）抚顺惊魂

1967 年深秋的一个上午，我们《反到底革命造反兵团》（隶属辽宁省实验中学"红卫兵战团"）的一行三人走出学校来，到沈阳南站乘火车去抚顺。无产阶级文化大革命已经进入第二年的年底，沈阳的三大派辽革站、辽联、八三一之间的政见分歧已从年初的文斗即大字报、大辩论转化为大武斗、大流血，武斗规模已由大刀、长矛、棍棒升级到枪械、手榴弹直至由汽车改装的装甲车。派性之争已经变成不可调和的矛盾甚至使兄弟相残、朋友反目。对于这种现象，我们感到惶惑不解。文化大革命不就是要打倒走资派、打倒那些混进党内的资产阶级代表人物吗？为什么千千万万的群众、血气方刚的青年学生高喊着"誓死捍卫毛主席的革命路线"、"毛主席万岁"的口号拼死械斗、血洒大地，相互仇杀得你死我活？也许我们还太年轻，理解不了那么深。可既然我们参加了文化大革命，就要响应毛主席的号召，积极投身到这场伟大的斗争中去。兵团战友经过讨论研究，一致认为：我们一定要牢牢掌握斗争大方向，目标对准那些混进党内的走资派，具体到我们学校里的尚未查清罪证的对象，如杨副校长的历史上就有一段变节悬案。文革初期曾有群众在大字报里揭发他在 1948 年在抚顺发电厂做地下工作时曾被国民党政府逮捕监押，不久又放了出来。大字报中怀疑他有变节行为。在接受群众批斗时他说是因为敌人没有掌握确凿的证据，并且当时国民党正在节节溃败，无暇深究，所以才把他和几个同志放了出来。这段历史党组织早有定论。在文化大革命那个年代"造反有理"、"怀疑一切有理"的特定环境下，连薄一波、安子文、王鹤寿等党中央高级领导干部，当年经过组织营救从国民党监狱里出来，尽管早有组织结论，仍被造反派打成"六十一人叛徒集团"加以批斗，一个小小的中学校长当然更不在话下了。我们决定派三名同学赴抚顺发电厂去查档取证，使斗争向更深处发展。

　　火车快开进抚顺站时，我们感到情况有些异样。车窗外传来阵阵哀乐，伴着阵阵枪声。火车缓缓驶进站台时，可以看见沿站台站着一排手持武器、头戴钢盔的武装人员，胳膊上都带着红袖标。同时，哀乐声更响了。摸不着头脑的旅客蜂拥挤下车厢，我们也随人群走下车。刚走下车梯，我猛然发现一只刺刀明晃晃地正对着我的胸膛，相距不过一尺远。我下意识地哆嗦了一下，转身随人流顺车厢走。由无数刺刀组成了一条走廊，我们都大气也不敢出，急匆匆走出检票口。

　　抬眼望去，车站广场上停满了卡车，车上站满了荷枪实弹的武斗队员，车头上都架着机关枪，车头前都扎着大白花。由两辆卡车组成的主席台上打着一条大横幅，"抚联烈士永垂不朽"，原来这里正在开追悼会。临来抚顺时就听说前几天辽革站派的"抚联"和八三一派的"抚顺红工联"之间发生了一场大规模武斗，双方都动用了重武器，死伤惨重。广场四周的大功率喇叭在传出哀乐的同时，更传出阵阵悲壮的誓言："向红工联匪徒讨还血债"、"抚联必胜"。同时参加追悼会的武斗队员不时把枪对着天空射击。这时突然听到头顶上有人大声喊："不许停留，都离开这里！"我们抬头一看，我的妈呀，身边楼顶和四周楼顶上都架着机关枪，上面的人手里挥着枪正在喊叫。我们这些刚下车的旅客赶紧离开广场，各奔东西了。

　　我们三人在问明路途后，直奔抚顺发电厂而去。近午时我们来到发电厂，这里气氛森然，厂里的办公楼和车间厂房墙壁上布满了累累弹痕。厂门两侧墙上刷着黑字大标语："打倒宋、马、顾、俞、徐！"（宋任穷，马明芳，顾卓新，俞平，徐少甫），"砸烂霸山妖（八三一），红工联必亡！”，"抚联必胜！"等。持枪门卫检查了我们的介绍信，问明来意后说："你们是哪派的？"，我忙说："辽革站的"，他满意地说："要是你们早几天来可就完了，那时候这里还是红工联占领呢。"我心里想：我要是说我们是八三一派的，那不是自找苦吃吗？他领我们走进一座门口堆着沙包的大楼，上楼走进政工组办公室。

政工组负责人听完我们的来意后说："你们来得不是时候，我们刚从红工联手里拿下发电厂，人事档案根本没时间整理。你们也看到了，武斗不一定啥时候还得打起来，现在最要紧的是备战，你们看"他指着窗口说。我们一瞅，喝！东、西两面的窗户都开着，窗台上都摆着一些长枪。"这叫有备无患，枪里都有子弹，只要红工联敢来犯，叫他有来无回。"屋里地上还摆着几箱手榴弹、几挺机关枪。墙上还留有红工联刷的口号："砸烂无赖站（指辽革站）""红工联必胜"。明白我们在这里已经无所作为，就告辞他们离开了发电厂返回抚顺火车站。

回去的路上，看见不时有载着武斗队员的卡车飞驰而过，扬起片片浮尘。将近火车站时，驶过一辆敞篷吉普，车上有一个惹人注目的年轻女郎，其他人都戴着钢盔，手里扬着短枪。这时我的眼前仿佛重现着曾经多次看过的电影画面：在国民党统治下的大都市的马路上，军警宪特坐在疾驰的敞篷吉普里横行来去……

（4）校园枪声

1967 年一个秋日的下午，我在实验中学校园里行走。从教学楼向北走过礼堂，到生物馆折向西，往学生宿舍走。在生物馆与小马路之间栽种着一排长得很浓密的榆树，榆树墙上部被修剪得很平整，高度与人肩平。走到距生物馆门口约十米处时，突然有一颗手榴弹从二楼掉下来，巨大的爆炸声把我吓得发蒙，条件反射地立即趴到地上。由于爆炸点离我只有不到五米远，震得耳鸣响了很久。我趴在地上，好长时间没敢起来，生怕再有手榴弹扔下来。大概那颗手榴弹落下的地方是松软的土地，炸飞的只有土屑，所以我没有受伤。过了一会儿，见没有动静，我急忙起身跑向宿舍。

时至今天，我也不知道是谁扔的手榴弹，又是为什么这么干？我从没参加过校内的武斗，也不是哪派的头头。也许这只是一次随意的开心玩笑吧！

1968 年的春天里的一天，我和同学在学校宿舍里刻印钢板蜡纸，我们正在编印一本文革歌曲集。时到午后，我离开寝室，走出宿舍楼门。从 1962 年考入实验中学住进这栋宿舍已经六年了，建于 1954 年的这栋宿舍楼高三层半，地下一层是食堂，其中半层窗户在地上，提供食堂的采光照明。这样，进入宿舍就要走几十级台阶楼梯。我走到楼门口时，看见下面楼梯前停着一辆敞篷汽车，车上站着十来个人，不认识，不是本校同学。只是他们之中有几个人居然还穿着棉大衣（那时我们早都脱下棉衣，换上单衣了），令人奇怪。我走下楼梯，看了看他们，他们也盯着我看。从宿舍到学校大门大概有百米远，有一片小树林，小树林里有一条小道。我沿着这条小道往校门走。不知为什么，我下意识地感到不安，似乎身后有危险。我回头看，发现身后汽车上的人拿着步枪正瞄着我。我一惊，不好，他们要开枪打我！我扭头开跑，几乎同时响起了枪声。擦耳而过的子弹飕飕声是那么真切，参加过军事训练的我知道躲避子弹射击而奔跑时决不能跑直线，那只能被人当靶子打。我按 S 形曲线跑，身边树叶被子弹打得四处飞落，那情景可真险呵。好在很快就跑到校门口，他们打不着我了，但马上就听到汽车发动的声音。好家伙，他们要驾车追击我。趁汽车需绕一个大圈才能出校门，我飞奔越过黄河大街向南边的十字路口跑。十字路口西南方是省实验中学教师宿舍区，那里全是一排排平房。我跑到现在的崇山路与黄河大街交界的十字路口时，看到从校门驶出的汽车已经加足马力向我开来，从汽车上打出的枪弹更加密集。我不知道他们为什么这么恨我，为什么一定要置我于死地，我只知道必须迅速甩掉他们，确保自己不会死于非命。我拼命跑进老师宿舍区，沿着自己知道的路向北行地区跑。我知道他们的汽车没法沿我跑的路线追，因为有的地方汽车开不进来。一直跑到北行，我才敢稍稍减慢脚步，喘息不止地休息一下。我想，他们不可能知道我在哪里。后来，我慢慢走回还很远的铁西家里。到家后，我几乎虚脱了。

第二天，我返回学校，立即到驻校军宣队报案并提出强烈抗议。要求军宣队查清事实真相，保护我的人身安全，尽管我知道这没有用。

直至今日，我也不明白，这一切是怎么回事。我想，这就是那个疯狂年代才能发生的荒唐闹剧吧。

实验中学学生宿舍近照。半地下室（当年的食堂）的窗户已经被砌死了。远处雨搭下就是我们通过多级台阶上下进出宿舍的楼门。

（5）三派互斗

1968 年的 5 月下旬，辽宁省革命委员会已经成立了，可是，三大派之间的争斗还没有停息。应该说，辽革站在军区支持下获得了胜利，辽联和八三一成了失败者，特别是八三一派在总司令张祥久被抓捕入狱后更是惨败。但是，起码在明面上，中央还承认辽宁的三大派都是革命群众组织，并且辽宁省革委会里还有少数失败两派的成员进入领导班子。可是，许多下层的辽联和八三一派的基层组织人员并不服气。这样，派性支配下的拼斗厮杀仍在继续。

5 月底的一天上午，我骑自行车从家里赶到实验中学。刚进校门，就觉得有些异样，但不知所以。我先绕着教学楼转了一圈，看到的同学脸上都很紧张，我没下车询问，所以也不知道校园里发生了什么事。我骑车从礼堂前过去，经过理化馆、生物馆，直奔宿舍楼而去。在生物馆和宿舍楼之间，是一片长得很高大的树林，林中的一条土路直通宿舍楼门。

　　刚骑进这条小路，我忽然发现前边的路上站着一大群人，原来是我校辽革站派《狂飙战团》的同学。我当然知道，这些《狂飙》成员都是 1966 年文革初期由高干子弟组成的自认血统高贵的《红后代》的成员。这些同学受反动血统论理论的毒害较深，不仅瞧不起家庭出身"不好"的同学，而且瞧不起工农出身的同学。文革前和文革期间我与他们很少有往来。我们班就有几个同学参干其中，其中的 Y 一个还是头头。文革三年里，我虽然参加了八三一派，但从没参加过校园内的任何武斗，也没有和他们发生过正面冲突。那时的我，一点也没害怕（也许，正是这一点，救了自己的命）。要进宿舍，就必须从他们中间穿过。看着他们手里拿着的手枪、冲锋枪、带刺刀的步枪，我心里十分不安。他们在这里干什么？为什么人人脸上都带着怒气？直觉告诉我，现在既不能下车，更不能掉头往回跑，只能照常骑过去。看见我骑车过来，他们都盯着我看，有的枪口还对准了我。我忐忑不安地骑过去，Y 和我对视了一眼，面无表情地摆了一下手，他们让开了一条道。我顺利地骑到宿舍台阶前，放下车，锁好，走上楼梯，进了宿舍。我一走进寝室，里面的同学就围上来，急切地问我："你是怎么进来的？""他们没搜查你、收拾你么？"我奇怪地问他们："这里到底发生什么事儿了？"他们告诉我，就在今天早晨，驻我校的锦县八三一派武斗队员与我校的辽革站派《狂飙》成员发生了冲突，锦县八三一的人用匕首刺伤了对方的人。现在《狂飙》的人正在寻仇报复八三一的人呢。我这才真的害怕了。要知道，当时我身上正带着一把同学自制的小口径手枪呵。要是被拦下搜身的话，恐怕身上就该添上几个血窟窿了。我急忙掏出手枪，大家帮我把枪藏到寝室小通风口里，再安好通风口的铸铁箅子，大家才都松了一口气。

事情已经过去五十多年了，实验中学的宿舍楼还在，那把文革时期由少不更事的中学生自制的小口径手枪恐怕仍呆在那个通风口里吧？

1967 年的夏天，令人惶惑，使人激动，更叫人热血沸腾。从 7 月 22 日文化革命的旗手江青在接见河南造反派时表态：革命造反派可以行使自卫权力，"文攻武卫"，这无疑在广阔的中国大地上打开了潘多拉魔盒，引发了文革局势的剧变，全国各地武斗升级，枪声四起。沈阳市从 8 月 10 号黎明机械厂辽革站派和辽联派发生大规模武斗开始，辽革站、辽联、八三一三大派纷纷组建武斗队，到驻军仓库抢夺武器弹药，抢夺各种车辆、对大卡车进行改装成装甲突击车。同时武装抢占各市区高层建筑，以控制路口，构筑根据地防线，为壮大自己、击败对手创造条件。在这种局势下，三大派之间大小武斗频频，沈阳市内各区枪声不断，人人自危。

我们辽宁省实验中学《辽实八三一红卫兵战团》驻扎在学校学生宿舍三楼，我们没有武器，也不参加武斗，只在这里研究斗争方向，刻钢版，印传单。为了安全，我们在二、三楼之间的楼梯上用梁木、铁板等东西堵死，中间留了一个门，平时关死，不许外人上来。9 月里的一天上午，我们发现楼下来了几辆汽车，下来不少人，都拿着武器，一些人进了楼里。我们紧张起来，看来这是不知哪派的武斗队，不知道他们是要占领这里还是干什么。红战团头头让我下去探清情况。我下到一楼，看到他们的胳膊上戴着红袖标：东北工学院毛泽东思想红卫兵七二二战团（当年沈阳著名的辽联派武斗战团）。原来他们是东工思想兵，辽联派的，和咱们八三一派是盟友，危险基本可以解除。我向一位戴眼镜的大学生打招呼："大哥，你们到这儿干什么？"他警惕地看着我说："你们是哪派的？"我忙说："我们是八三一的。"他笑笑说："我们到这儿是来打无赖站（指辽革站）的。"我又说："那你们是要把这里当据点？""不是，我们在这里集结。""你们要打哪儿？""打辽宁大厦。"天哪！他们要从这里出击打仗！我赶快上楼报告。头头讲，咱们别掺合，旁观龙虎斗吧。

那时，从实验中学到辽宁大厦之间一千米左右的空间里，没有高大建筑，大多是低矮平房。从学校向北望去，可以清楚地看到这所沈阳市著名的八层楼高建筑上的窗户。那时，受到军区支持的辽革站占领着辽宁大厦。我们从学校宿舍三楼北窗户往下看，只见他们在楼北空地上架起重机枪，十几人匍匐在地呈三角队形持枪前行。当重机枪口吐出火舌射向辽宁大厦时，枪声震耳欲聋，很快就遭到辽宁大厦上重机枪的还击。密集的子弹打在土地上发出啾啾响声，在匍匐前进的东工思想兵头前方和左右掀起团团浮尘，那情景真是惊心动魄，让人觉得就像是在看战争电影。突然，几发子弹打在我们所在寝室的窗框上，打在寝室里的墙上，我们吓得赶紧缩回头不敢看了。很长时间里我们只能用耳朵倾听外面几乎不间断的枪声，还是因为年轻，偶尔快速地向窗外看一眼。

　　双方的战斗进行了很长时间，时近中午，枪声中断，校舍西窗外的黄河大街上传来汽车开动的声音，传来车载广播喇叭的声音："无产阶级革命派的战友们，革命的同志们，我们是东工毛泽东思想红卫兵毛泽东思想宣传车。这段时间，我们同辽革站之间的战斗影响了这一地区的交通出行。经交战双方协商，从现在开始双方休战，特此公告。"我们都长出了一口气，聚在一起商议下一步该怎么办。面对战火纷飞的沈阳，我们都想离沈赴京。一是远离战乱之地，二是赴京了解首都文革形势。当断则断，我们这些血气方刚的年轻人决定马上去沈阳南站乘火车到北京。离开学校走到黄河大街后，因为惧怕随时从街上驰过的武斗车上发出的流弹伤着自己，我们倚靠着一根根相距不太远的水泥电线杆，迂回急跑，奔向火车站。

（6）亡命北京

　　仓促离校准备乘车赴京的我们跑得满头大汗，总算安全抵达沈阳南站。我们发现，和我们有同样想法的学生太多了，因为南站的苏军坦克纪念碑下有一群群人都在准备上车。这些人来自市内各区，估计哪派的都有。听说一列从长春开来的火车已经进站，我们一拥而入，根本就没人买票。挤到火车旁发现车上人很多，从车门上不去。刚好一扇车窗打开了，我们几个冲过去往上爬。没想到有人按住我问："你们是哪派的？上哪去？"我在还没爬车时就已经注意看准了有人戴着《长春公社》（文革时与辽宁八三一派观点相近）的红袖标，忙说："我们是八三一的，我们和你们是战友。"他高兴地帮我们爬进车厢，问我们：

"你们怎么没戴袖标？"我不好意思地说："现在沈阳三大派仗打得太厉害了，弄不好要挨黑枪。"他说："我们也是刚和'红革会'（文革时，长春两大派："长春公社"、"长春红革会"）打完仗就集体撤出来了。"一路上我们互相介绍各市文革情况、特别是武斗情况。我指着他腰里别着的手枪说："你们带枪还能上火车？"他笑着说："长春火车站被我们公社派控制，别说手枪，就是机枪也照上不误。红革会那帮小子对我们占领火车站早就红了眼，这两天派了不少人攻打火车站，除了机枪、手榴弹，连火焰喷射枪都用上了。最外面的那条线的铁轨都烧变形了。嘿！你知道不，趴在车站顶上架着机关枪向下扫射真过瘾！"我很敬畏地看着他，心里想：这武斗打成这样得死伤多少人哪！以后该如何收场啊？（一年后我们已经上山下乡接受贫下中农再教育时，我曾到过长春火车站，看着车站大楼上累累的弹痕，看着车站广场上布满创伤的喷水池，真是感慨万千。"当年鏖战急，弹洞前村壁。"可是却无论如何也体会不出"战地黄花分外香"的心情了）

火车缓缓开进了北京站，我们这些来自祖国各地的红卫兵，冲破枪林弹雨的阻隔，又一次来到了北京，来到了毛主席的身边。我们每个人都是心潮澎湃，挤下火车拥向检票口。从文革初期大串联开始就没有买票概念的我们，如潮水一般冲过检票口，把车站大门都挤坏了。我被人流裹挟着，脚不沾地，带到了车站广场。我们该到哪里去？几个人一商量，决定到北京政法学院找《政法公社》的大朋友们去。实验中学校友中有几个毕业考上北京政法学院的大朋友是《政法公社》的成员，而《政法公社》又是首都著名的造反派之一，是各地造反派的偶像，我们到那儿去错不了。我们辗转来到了北京政法学院，找到了我们认识的大朋友。他把我们安排到一间教室里，那里已经住下了一些来自全国各地的造反派，我们领取了被褥，和大家一样打好地铺，就在那里安顿下来了。

在北京居留的日子里，我们相互间有了很多了解。这里的人真是来自天南地北，有来自天津的《南开八·一八》，来自河南的《二·七公社》，来自新疆的《红二司》，来自湖南的《湘江风雷》，还有来自上海的《工总司》（《上海工总司》的司令就是鼎鼎有名的王洪文，他由于造反有功，很得毛泽东的赏识，在毛主席选定的接班人、副统帅林彪叛国投敌摔死在蒙古温都尔汗之后被毛主席提拔为党的副主席。在毛主席逝世后作为"四人帮"反党乱政集团的罪魁之一受到了历史的审判）在北京串联的日子里，我们走遍了首都的大专院校。

这是我文革以来第四次赴京串联，每当我站在天安门广场，眼前就浮现出一年前在天安门广场接受伟大领袖毛主席检阅文化革命大军的情景。那时我们这些血气方刚、热血沸腾的青年学生满脑子都是"跟着毛主席干革命"、"解放全人类"的美好理想，都愿意把一腔热血抛洒在"为共产主义奋斗终生"的战场上，能够见到日思夜想的伟大领袖，那是无上荣光。那时的天安门广场真是"东风万里，鲜花开放，红旗像大海洋"，千千万万的年轻生命都在嘶声呼喊："毛主席万岁！万万岁！"当《东方红》乐曲响起的时候，一辆前导车开了过来，车上的干部用手持扬声器大声说："同学们，毛主席来看望你们了。"之后毛主席乘坐的敞篷轿车沿着长安街从西向东缓缓驰来，整个广场顿时变成了欢腾的海洋。本来前排的人是坐在地上的，这样后排的人才能不被挡住视线，可是前排的人全都站了起来，后排的人急得不顾前面还有几排人仍坐在地上，一拥而上，几乎是踩着人家的肩膀、脑袋挤上前去，哭着喊着看着伟大领袖从前面乘车驶过。毛主席检阅红卫兵过后的天安门广场上丢满了鞋子、书包、衣服、帽子。许多人都在冲向一个目标：电信局，都想尽快给家里发回电报，向家人报告见到毛主席的特大喜讯。由于人太多，电信局根本就接待不了，我就和大多数同学一样急匆匆写一封明信片寄回家报告喜讯……抚今忆昔，感慨万千。只是亲历文化大革命从"破四旧，批黑帮"到今天的"舞棍棒，动刀枪"，让人不知所云，无所适从。那时的首都还没有枪炮轰鸣，基本上还是大字报、大辩论，可惜不久也紧随地方之后，展开了血腥厮杀，那就是后话了。

（7）沈阳仇杀

从北京返回沈阳，已经是 1967 年的 10 月了。走出南站广场向南沿着胜利大街前行，由于武斗频发，城市公交车、有轨摩电车早就停开了，只好徒步走回家去。离开沈阳不过月余，这里的变化令人实在吃惊。沿大街两侧的人行道上堆满了一堆又一堆的小山一样的垃圾，堆得比人还高，散发出令人作呕的怪味儿。有数百万人生活的大城市没有人及时清理垃圾，那情景太可怕了。

走到与建设大路的交叉口后向西拐进南两洞桥，继续走到离沈阳第二纺织机械厂不远处时，突然听到几声枪响，我急忙躲到路旁的房檐下。只见马路上驶过的汽车向途经的二纺机办公楼开枪射击；同时二纺机办公楼上的人也向他们开枪射击，这当然是两派之间的仇杀。（注：沈阳第二纺织机械厂在解放前名为奉天麻袋厂，刘少奇在 1931 年曾在这里作地下工作，以中共满洲省委书记的身份领导工人怠工、罢工，向资本家进行斗争。后被捕入狱，经党组织营救出狱。这段历史党中央早有结论：刘少奇同志在被捕期间牢守党的机密，没有变节行为。否则，在中国共产党夺取政权，建立了中华人民共和国后他也不能成为国家主席、党中央副主席。可是在文化大革命中，毛泽东却把他作为对立面，作为中国的"赫鲁晓夫"，发动亿万群众进行批斗，直至逮捕入狱、蒙冤离世。在 1969 年党的九大上，公开宣布刘少奇为"叛徒、内奸、工贼"不久之后，沈阳第二纺织机械厂门前立起了两个铁笼子，里面是刘少奇、王光美夫妇的铸铁跪像，如同杭州岳飞墓前的秦桧夫妇铸铁跪像一样，供广大革命群众唾骂、耻笑。直到"四人帮"垮台、党中央拨乱反正以后，这两个玩意儿才消失得无影无踪）。

汽车开走后，我赶快顺着墙根和几个路人一起越过二纺机向家里跑。回到家后爸爸妈妈一顿埋怨，责问我这一个多月都上哪去了，连个信都不给。我把这些日子所发生的事情详细讲了一遍，父母听得是又惊又怕，再三叮嘱我千万别参加任何武斗，还是呆在家里一段时间，别去学校了。你那么多同学都成了逍遥派，你也别参加什么派了。我自己也寻思：外面这么乱，那就在家猫一个月吧。

这段时间沈阳的社会秩序特别乱，到处传说某某地区半夜有坏人打家劫舍，某某地区坏人蒙面劫道伤人，搞得人心惶惶。那时，公安局、检察院、法院等国家机器都已瘫痪，"砸烂公、检、法"成为名正言顺的斗争口号；各级领导干部几乎全都靠边站，变成批斗对象，根本没人对社会秩序负责。更由于派性武斗造成武器散落民间，出现一些坏人趁乱打家劫舍，当然是很自然的事了。于是各地区的居民纷纷自发组织起来成立"自卫队"，保护家园，维持治安。在这一问题上，各居民区的居民不分派别，不论政治观点，意见出奇的一致，那就是：各家各户都要出人出力，在晚上轮流巡逻值班，保卫本地区不受坏人侵犯。各家的男人纷纷自制武器：棍棒、扎枪（把铁管锯出斜口而成）、匕首，老人则拿着搪瓷脸盆用木棒敲打，嘴里还高喊：平安无事喽！那时的人们几乎都看过电影《平原游击队》，都熟悉电影里巡夜老人的这句台词，只不过谁也没想到现实中真会出现运用这句台词的一幕。人们一群群地穿行在居住区的大街小巷，几乎通宵达旦。这样的情景在现在看是不可想像的，但是这就是那时的现实。我几乎每天晚上都出去参加巡逻，我们家哥几个轮换接班。这种局面持续了近两个月，直到 11 月中旬严冬到来、风雪交加后才停止。

就在 11 月下旬的一天半夜，几声巨大的爆炸声震醒了熟睡的居民，我家南窗户上的玻璃全都震碎了，一家人吓得全都爬起床。好在为了防寒，在窗户里面都挂上了用牛皮纸做成的厚窗帘（那时暖气供热不好），所以碎玻璃片没有崩进屋里伤人。可是外面的寒风却吹进屋里，冻得我们发抖。匆忙穿上棉衣裤后，我扒开牛皮纸窗帘一角向外看，原来是街对面沈阳化工学院正在发生激烈武斗。联想起白天化工学院曾响起枪声，之后辽革站派的高音喇叭里传出阵阵哀乐并伴随着仇恨嘶喊："思想兵（指辽联派）

残杀我辽革站战友罪该万死！""誓为死难烈士报仇！"。看来是化院的辽革站派武斗队半夜对化院辽联派复仇。我看见对面化工学院的院墙被炸开了一个缺口，许多人拿着枪猫在尚存的院墙后面向二号教学楼开枪，因为我们都知道思想兵（也就是辽联派）占据着二号楼，显然围攻的是辽革站的人。大楼门口原来堆着许多沙包，现在那些沙包都散落在地，大楼门墙也被炸开一个大口子。楼上楼下的子弹互射，在夜空中划出闪闪弹痕，不时还有手榴弹的爆炸。枪战持续到天亮，拂晓时几辆载满武斗人员的卡车从和平区方向开来并立即向围攻大楼的辽革站武斗队开枪射击。这肯定是东北工学院的毛泽东思想红卫兵（辽联派）的武斗队前来增援战友。在围攻队伍撤退后，楼里的人迅速撤离了大楼，搭乘汽车离开学校。这场武斗结束了，同时也宣告辽联在铁西区一个据点的丢失。

沈阳三大派激战时期，形成了辽联控制和平区，辽革站控制铁西和大东区，八三一控制皇姑区的局面。化院思想兵的撤离，标志辽革站对铁西区的控制得到加强。

（8）窃书逍遥

一九六七年的夏天，沈阳也和全国一样枪声四起，武斗不断。我们几个同学虽然也参加了校内的派性组织，但不愿也不敢参加武斗。不上课学习了，那么多闲暇时间干什么呢？我们听说有的同学悄悄钻进校图书馆里，拿出了不少书看。这可太有意思了，本来我们几个就喜欢看书，文革前每天下午课余时间我们都喜欢呆在图书馆里看报纸、翻杂志，再借回一本书回寝室躺在床上看。我喜欢历史、地理和航空知识，也喜欢看外国文学。可惜那个年代允许国人特别是中学生阅读的外国文学名著真是少得太可怜了，也就是《钢铁是怎样炼成的》、《母亲》、《马雅可夫斯基诗集》等充满革命味道的书。此外就是儒勒.凡尔纳的科幻小说如《海底两万里》、《格兰特船长的儿女》、《神秘岛》、《八十天环游世界》等。其实我们都知道实验中学图书馆的藏书是很多的，记得刚入校时老师曾告诉我们藏书近十万册呢。可惜许多书是不借给我们看的。

年轻人喜欢冒险和刺激，我和老辛、老郑商量晚上行动。当天晚上我们三人来到教学楼一楼的初三·四教室，我们每人带了一个大书包，一个手电筒，掀开地板上的用于维修暖气管道的地道口盖，依次下去，开始了冒险征程。我们的计划是这样的：沿着地下暖气管道走，穿过锅炉房，穿过学校大礼堂地下的地道，直达位于礼堂北侧的图书馆，找到藏书室的出口。

学校的礼堂若从空中俯瞰的话很像一架飞机，礼堂正门正对校门，中间隔着几个大花坛，南侧机翼是学校卫生所，北侧机翼就是图书馆。地道很黑，我们打开手电筒开路。通道很狭窄，只能猫着腰，蹭步潜行，身子和脑袋不时被铁钩、铁管、砖石刮碰得生疼，有时还要跪着爬行，那滋味可真不好受。地道先是向东，再拐向北，走了几十米后，前方出现亮光，应该是锅炉房里的天井了。因为有工友在上面，我们都放慢速度，尽量防止发出声响。这是一个十米见方的天井，人站在上面能看到下方侧面的暖气管道通道。隐约看到几个工友的身影，还有对话声。快点走开吧，我们祈祷着。等了好长时间，上面没有动静了，我们互相握了握手，示意快点通过这里，终于提心吊胆地越过了"雷区"，重新投入黑暗之中。

走不多远，地道西拐，进入礼堂下方，很快到了舞台下面。这里很空旷，可以看到暖气管道分别通往不同地方。我们顺着右侧走，向北拐就到了图书馆的下面。我们发现通道几乎被堵死，被砌上的墙上面赫然钉着一块画着黑色骷髅的木板，咋一见吓一跳。在这黑漆漆的地道里，看见打着 X 的骷髅，能不吓人么？老郑胆大，把画着骷髅的木板抠下来扔到地上，说：吓唬小孩呗！我们找到一根木棍，抠撬砖头，抠掉几块后，双臂前伸，头夹其间，挤进不大的窟窿里，进入图书馆下的通道。走不多远，手电光下居然出现了一个真的骷髅，旁边的一块木板条上写着一排黑色大字：危险！禁止通行！真不知道是谁从哪儿弄来的死人脑瓜骨，大概是从学校生物馆的标本室里弄来的吧。看来图书馆老师为保护图书，找人在地下通道里设置了不少障碍，下了不少功夫；同时也说明此前就应该有不少人曾经来过这里。想到这里，我们就更着急了，好书是不是剩下不多了？我们拿棍子往头顶碰，听声找洞口，终于找到了木盖板。发现盖板被从上面钉死，我们就找了一根粗木头往上顶，总算顶开了盖板。我们依次爬上去，终于胜利地站在了藏书室里。

图书馆窗户外面都用木板钉死，借木板缝隙透过的月光照亮，可以看到一排排书架上摆满了书，地上也是书，只是有些凌乱。我们三人如鸟飞蓝天，分别开始大海捕鱼。我找的书多为外国文学，因为平时看不到。我发现自己喜欢的书在这里比比皆是。那时到底拿了多少书，都有哪些书，由于事过境迁已经记不大清楚了。但留在记忆里印象较深的有：法国著名思想家、文学家卢梭的《忏悔录》，法国大作家雨果的《悲惨世界》、《巴黎圣母院》，英国大作家狄更斯的《双城记》、《大卫·科波菲尔》，法国大作家罗曼·罗兰的《约翰·克里斯朵夫》，俄国大作家托尔斯泰的《战争与和平》、《安娜·卡列尼娜》、《复活》，车尔尼雪夫斯基的《怎么办》，俄国大诗人普希金的《叶甫盖尼·奥涅金》，英国大诗人拜伦的《唐璜》、《恰尔德·哈罗德游记》，及俄国普里波依的《对马》。我意外地还看到了一些文史资料，其中有国民党元老、西山会议派领袖戴季陶的文稿。国内的小说也拿了几本，如《青春之歌》、《林海雪原》、《野火春风斗古城》等。我们的书包都塞满了，连衣服、裤子上的每个兜都塞上一本书。还有些书想带也带不走了，只好恋恋不舍地放弃了。

回去的路也想好了，我们不走回头路，从地道口下去以后关好盖板，向北走到理化楼底下，再折向西走到生物馆下面，从生物馆一楼的地板出口钻了出来，这条路比来路短了一半还多。来时不走这条路是因为生物馆的一楼窗户都从里面叉上了，我们不愿意破窗而入，那也太有损我们的形象了。我们从里面打开窗户跳出去，站在窗外的矮树丛中，我们高兴地互相拥抱，庆贺圆满完成任务，然后分道扬镳，各奔东西。这些书伴我度过了许多文革时的闲暇时间，开阔了眼界，增长了知识。上山下乡、奔赴农村的前夕，我和同学们一样，把大部分书都送还给了学校图书馆。

位于实验中学礼堂北侧的图书馆近照。

第六章　日记摘要

<u>1967 年 2 月 16 日</u>

我们（长征结束）又回到学校。学校运动比以前好得多了，大字报、大标语很多。如："彻底砸烂红后代"、"彻底批倒批臭反动血统论"、"彻底批判资产阶级反动路线"……。学校里成立了许多组织：毛泽东思想红卫兵红色造反团，遵义兵团，东路兵团，反修战斗队，延安公社，井冈山红卫兵，实验中学红卫兵革命造反总司令部，教工毛泽东思想红卫兵红色造反团，10.1 战斗兵等。

很多同学回校，学校能保持 300 人以上。对红后代的批判已经进行四个多月，但至今没见大成效。反修队组织了一次批判大会，杨**还做了十几分钟的"检查"。我校几个革命组织联合行动，两次查抄了实验红后代"16 条支队"（原 16 支队）和"东方红公社"（原八八.一六兵团），这就是 1.14 事件和 2.11 行动。我认为，这两个行动大方向是正确的。（事件发生时，我还没回沈阳呢）

实验中学的文革运动就是乱得不够，造反派就是起不来，稍微有些激烈造反行动，就立刻会有许多人横加指责、压制。不得人心的红后代里不是还有人嚣张地叫喊：对你们狗崽子就是要秋后算账！之所以如此，就是有许多泥瓦匠，大搞折衷主义，主张用改良主义方法对红后代进行批判。居然提出：批倒血统论，解放红后代。

文革开展以来，红后代死抱反动血统论、反动对联僵尸不放，压制、迫害广大同学，特别是出身"不好"的同学，学校礼堂八.二六事件就是突出的例子。在他们压制下，许多同学被打成"狗崽子"、"右派学生"，剥夺了他们的政治权利，失去了去北京看望毛主席的权利，失去了造反的权利。

这种情况不能再继续下去了。

<u>1967 年 2 月 24 日</u>

资产阶级反动的血统论、出身论、唯成份论残害了多少同学，给出身"不好"的同学们的精神上造成太多伤害。红后代死抱反动对联不放，把所有出身于非无产阶级家庭的同学统统打成"狗崽子"、"右派学生"，压制他们，剥夺其政治权利。不许他们造反，不许他们串联，自己不革命，还不允许别人革命，扼杀了中学轰轰烈烈的无产阶级文化大革命。

反动的血统论，不仅摧残了广大出身"不好"的同学，也同样害了出身"好"的同学。反动血统论挥舞唯成份论的大棒，否认社会影响，否认阶级斗争，大喊自来红，否认思想改造，致使许多自以为自来红的同学走上危险的道路，甚至发展到同中央文革对抗，炮打无产阶级司令部的地步。北京的"联动"（首都红卫兵联合行动委员会）就是一个典型的例子。

沈阳中学的文革运动为什么开展不起来？红后代所贯彻的反动路线为什么迟迟不能批倒批臭？广大同学的革命

造反精神为什么被压了下去？许多非无产阶级家庭出身的同学为什么至今抬不起头来？还不敢起来造反，杀回学校，痛击反动路线？……

是刘邓制定的资产阶级反动路线的深远影响，是反动的血统论还在作怪！反动血统论不打倒批臭，中学的文化大革命就不能进行到底，广大受压制的同学就不能得到彻底解放，红后代就不能被彻底砸烂！

必须彻底肃清反动血统论的流毒！

掀起沈阳中学运动的新高潮！

1967 年 3 月 3 日

我们实验中学"反到底"造反兵团战报《大喊大叫》第三期出刊了。

这期是批判剥削阶级反动血统论专刊。这期刊登了北京《中学文革报》上的"王光华之死"。重看"王光华之死"，浮想联翩，沉痛的心情难以抑制。革命左派王光华同志牺牲了，他是被万恶的资产阶级反动路线害死的，是被反动的唯成份论害死的。王光华同志为什么惨遭毒手？就是因为他敢于向党内走资本主义道路的当权派开第一炮，敢于远在"5.25"聂元梓大字报发表之前的 5 月 9 日就贴出第一张大字报；就是因为他坚持真理，在反动对联泛滥的时期就大胆参加辩论，发表不同看法；就是因为他敢于打破执行资产阶级反动路线的顽固分子定下的条条框框，打破了非红五类不能外出串联的谬论……。一句话，就是敢于造反，造反动路线的反，造反动血统论的反，造党内走资本主义道路的走资派的反，这些就触怒了那些自命不凡、血统高贵的"联动"分子，他们歇斯底里发作了，把魔爪伸向了真正的革命造反派王光华，一个年轻的英雄为捍卫十六条而壮烈牺牲了。

王光华同志的死，并没有吓倒革命战士，更多的王光华站了起来，千军万马，浩浩荡荡，向资产阶级反动路线发起了总攻击，反动路线崩溃了，反动血统论倒台了，反动对联被送上了绞架。王光华为革命而死，死得伟大，死得光荣。江青同志说：他是你们应该学习的英雄、左派。

王光华同志的死，激起了我们对反动血统论的无比仇恨，使我们更加看清了反动血统论的本质，激起了彻底砸烂反动血统论的决心和力量。

王光华烈士永垂不朽！

1967 年 5 月 3 日

今天我们实验中学"红卫兵战团""反到底"战斗组印发了"飞鸣镝"通讯：中央首长谈"联动"。（注：文革初期，北京一些由高干子女组成的奉行血统论的红卫兵，对揪斗老干部不满，于 1966 年 12 月 5 日成立了"首都红卫兵联合行动委员会"攻击中央文革小组。次年 1 月 17 日，公安部长谢富治表态说："联动"是反动组织，头头是反革命。在中央文革小组授意下，北京高校造反组织"三司"等红卫兵捣毁了"联动"据点，抓捕了一百多人。67 年四月，经毛泽东下令释放。）

最近，联动分子被释放出来，中央首长并接见了他们。于是乎，联动分子兴高采烈，张牙舞爪，又猖狂对要为联动翻案了。他们大喊大叫什么：过去中央文革抓联动抓错了，革命造反派反联动反错了。他们把毛主席、中央文革对他们的宽大政策，视为对联动的嘉奖和鼓励。沈阳的红后代也蹦起来，妄图为红后代平反，印发了一张反动传单："中央首长接见联动"。传单中极尽污蔑、诽谤、编造之能事，大肆歪曲首长讲话，极力造谣说什么："江青、总理、康生、陈伯达等首长见到了联动，激动的流泪。"说什么江青说"委屈你们了，你们以后再犯错误也不抓了。"更有甚者，联动分子当场妄图翻案，向江青诉苦："他们（指三司等造反派）在外面整我们的材料，反对我们。"而传单竟然造谣说：江青回答"回去让他们把整你们的材料烧了嘛"。这是明目张胆的炮打中央文革，是可忍，孰不可忍！传单中还说，周总理对联动们说："看到了你们和造反派，我们就看到了希望。"看到联动就看到了希望的绝不是周总理，那是帝修反，是联动崇拜的赫鲁晓夫。难道不是吗？在 12 月黑风骤起，联动猖獗时，苏修电台不是歇斯底里、欣喜若狂地叫嚷："从他们（联动）身上，看到了中国的希望"么。

事实告诉我们：敌人没有死心，联动思潮没有批倒，流毒没有肃清，资产阶级反动路线没有垮台。一旦有了风吹草动，保皇派就会跳出来亮相，向造反派反扑，妄图翻天。

今日之天下，乃革命造反派的天下，你们不向毛主席革命路线投降，只有死路一条！

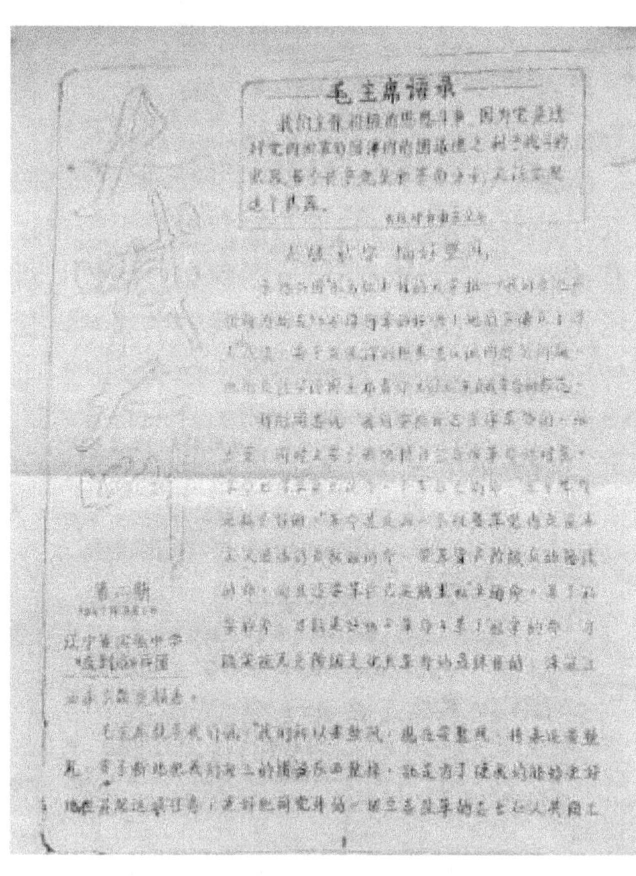

当年我们自己编写、刻版油印的刊物：

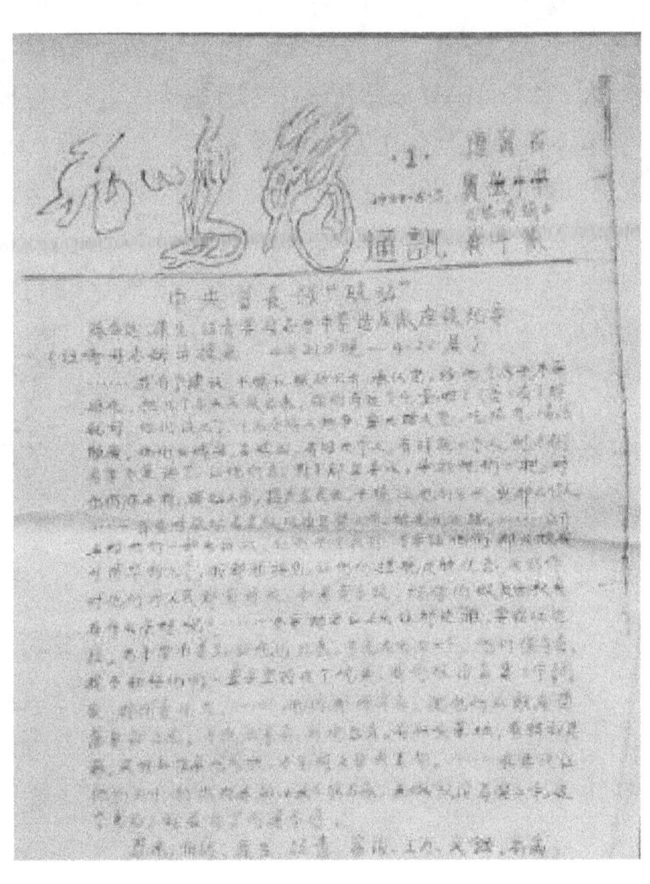

当年我们自己编写、刻版油印的刊物：

第七章 文革史料

　　1966-1976 年，在中国大地上发生了举世震惊的无产阶级文化大革命。文革十年，以其愚弄群众，摧残文化，惨无人道，祸国殃民而在中国历史上写下了黑暗的一页。文革运动虽然已经过去了五十多年，但这段历史不能也不应该被淹没。我们这些曾经亲身经历过文革运动的人们大部分迈入老年，我们有义务、有责任尽自己的微薄之力把这段历史用文字留存于世，还历史以本来面目，供后人为之警醒。

　　由于每个人文化素质不同，认识问题思路各异，现在不断涌现出来的文革回忆录中往往带有强烈的派性之争，难免带有偏见，让后人不知所以。故本人决定以手中保存的文革时期公开发行出版的各种报纸、杂志、传单为蓝本，摘编、摘要、摘录于《文革记事》，供大家阅读浏览。为求公正，文革运动中的不同派别、不同观点的文章均有摘录。这些摘录史料均有出处，原件本人均有留存。若将来有朝一日在中国大地上真能建起巴金老人所渴盼的"文革博物馆"，本人愿将这些已经纸页发黄的文革史料捐赠。

（1）电影问题

《关于电影的问题》　　江青　1966

　　注：文革初期，红太阳毛泽东主席的夫人江青被树立为"文化革命的旗手"。江青秉承毛的意旨，主宰了十年文革，直至文革结束后，被作为"四人帮"元凶押上历史审判台。她关于电影问题的讲话，影响很大，其"戴帽子"、"打棍子"的蛮横作风开了文革时期对成千上万无辜民众进行迫害，进行专政的先河。

　　全军创作会议共看国产影片68部，加上外国影片共80部。建国以来共出产影片300多部，这68部与军队关系大的。在68部影片中，好的有七部："南征北战"，"平原游击队"，"战斗里成长"，"上甘岭"，"地道战"，故事好，但线条粗点。"分水岭"，复员军人还不够突出。"海鹰"有点小缺点，吉普车上两人吃苹果，有点吉普女郎之劲头，出征时唱："宁愿出征，不愿在家盼断肠"是小资产阶级情调。好的影片，体现了主席思想，写了人民战争，人民军队，军民关系好，是真正按照主席思想写的。

　　其余影片的问题分以下几种：1.反党反社会主义毒草；2.宣传错误路线，为反革命分子翻案；3.丑化军队老干部，写男女关系，爱情；4.写中间人物的。

　　具体情况如下：

　　一、"狼牙山五壮士"：影片开头是岳飞题词"还我山河"，还有荆轲词："风萧萧兮易水寒，壮士一去兮不回还。"用岳飞、荆轲词写五壮士，很不恰当，不能类比。

用此词比当时英雄不好，没写出当时五壮士起何重大意义。五壮士在影片上出现是难看，丑化了军队，把战争写得很残酷，整个音乐是哀乐。五壮士与整个战争没有联系，写我们部队把五壮士丢下不管了，是歪曲我军的。敌人旅团长拿刀冲上山，不符合事实。日旅团长等于师长，不可能这样干。影片改改还可以用。

二、"独立大队"：毒草。整个是描写土匪，宣扬了土匪，丑化了军队，丑化了政工干部。对土匪的改造不依靠政治，而是依靠土匪之义气，靠土匪改造土匪，我们对土匪低三下四，好象离了他们不行。马龙的转变不知为什么。

三、"铁道游击队"：没写主席关于游击战的战略战术原则，写的是主席批判的游击主义。游击队不依靠群众，都是神兵，只是芳林嫂一个群众。有政委，看不到政治工作。不像有高度组织纪律性的无产阶级游击队，像一帮农民小资产阶级队伍。没有党的领导，不像八路军领导的。单纯的搞惊险神奇动作，宣传个人英雄主义，影片的插曲很不健康。

四、"战火中的青春"：主要是宣传个人。宣传个人英雄主义，有点像梁山伯祝英台的意思。没写政治工作，完全宣扬了单纯军事观点，排长军阀主义，歪曲部队生活，丑化军人形象。

五、"黑山阻击战"：这支部队打锦州时阻击廖耀湘兵团南下的，叫"暴露部队"。廖兵团是早七点跑出，晚六点又跑回。这是辽沈战役之主要战役。这个部队在北，南边还有个塔山阻击战。看电影好像就是黑山阻击战起了作用。影片中没有树立一个英雄，师长吊儿郎当，军长打仗还谈恋爱。丑化了师长、军长、政委。没写我军的顽强勇敢，没写出战斗的激烈，拼刺刀好像玩儿似的。把后勤工作写得一团糟。

六、"碧海丹心"：把英雄连长写得吊儿郎当，不懂政策，就知蛮干。解放海南岛是很成功的战役，这么写是极大的歪曲。硬插一段爱情，开支委会不讲是非，抓螃蟹，把一个老红军连的党支部写得很糟。把敌人写得很顽强，逃跑时还阅兵。

七、"林海雪原"：有严重缺点。这是写剿匪的，是在东北搞土改的基础上搞的，影片没写土改。这是四平保卫战役后，部队分出工作队搞土改，为巩固后方剿匪。影片只有一个部队干，没群众，好像部队是脱离群众的。影片充满了土匪气。有一段化装土匪审讯，这是歪曲。打威虎山好像就是杨子荣，夸大了杨子荣个人作用，个人英雄主义。杨子荣化装土匪后，比土匪还像土匪，是歪曲。没写阶级斗争。土匪临死时还很顽强，没矛盾。

八、"五更寒"：违背阶级路线，美化巧凤（地主小老婆，破鞋），宣传巧凤在关键时起极重要作用，比党员还好。写党员的动摇，叛党，群众怕接近游击队，怕战争。整个片子低沉，为自己抹黑，长了敌人志气，充满了人情味。巧凤对游击队一见钟情，叛变回家还搞团圆，夫妻还温情。

九、"英雄虎胆"：美化特务阿兰，跳摇摆舞，是资产阶级生活大展览。歪曲了侦察队伍形象，曾参谋化装后，比敌人还像敌人。剿匪不靠发动群众，只靠派进去，与"林海雪原"一样都是学苏联的。

十、"红日"：涟水战役是违背主席指示打的，七战七捷了，不按主席的电报干，还要再干，就吃了大败仗。

十一、"战上海"：是写国民党的戏。我们没有一个英雄人物塑造出来，都是面条。当时南京已解放，敌人大势已去，敌人要跑了，敌人洋相很多，内部矛盾厉害，而我们却写得敌人很神气，很排场，是不符合实际的。写打城市不能开炮造成伤亡，为保卫城市拿生命换，写在影片上是不好的，即使有也是个别情况。把刘义的作用夸大了，刘义成了很让人同情的正面人物。最后一句话，（母亲）说："二十二年前我们疏忽了"，这是客观上为陈独秀辩护。

十二、"两个巡逻兵"：把边防战士写得愚蠢，跟着敌人后边跑，把敌人写得很顽强，一个人是发完报才当俘虏，丑化了我们。我们是两个战士也抓不住一个敌人，老战士愚蠢，少数民族只知谈爱情吃喝，丑化了少数民族。

十三、"岸边激浪"：写敌人很顽强，坚决，亲生儿子也干。我们麻痹，地主婆隐藏了十多年也没发现，把我们写的没有党的领导，没军民联防，民兵没有政治工作，阿炳、阿兰也是一见钟情。

十四、"列兵邓志高"：写的是典型的中间人物，部队有打兔子，偷瓜的。指导员不讲原则和稀泥。宣传教条主义，政治工作走过场。邓志高如何转变不清楚。

十五、"哥俩好"：也是写中间人物，没写新军委成立后部队之新面貌，没写政治工作落实的情况。没写大虎为什么好，二虎为什么转变，充满了低级趣味，二虎爬到将军身上换军衔，点坏了豆腐，出洋相。

十六、"长空比翼"：写中间人物。英雄屡犯错误，蛮横骄傲，无法无天，是飞机被敌人击落后才觉悟，写飞机击落后很孤单。把师长写得粗暴简单，常用"我的自由主义战士"及"吊儿郎当的兵"的话。政委不作政治工作，传消息光牵连。梅花写的怕死。

十七、"三年早知道"：违背阶级路线，似乎合作化离了中农不行。富裕中农的违法行为不靠人民群众起来斗争，不靠政治靠物质刺激。党团组织一团糟。支书是老奸巨滑，影片的落后人物均没转变，写的生产队用个上中农发家致富。

十八、"布谷鸟又叫了"：把农村党支部均写的落后，只有小资产阶级知识分子才是先进的，用小资产阶级面貌改造党，说党不关心人，只关心牛猪，没有人情。辱骂干部生孩子如老母猪生娃子。宣扬跳舞、唱歌和玩为幸福，充满个人主义，插曲为《茉莉花》的翻版。

十九、"青山恋"：歪曲主席的讲话，把主席讲的"未来属于你们的"说成未来属于落后分子的，歪曲老干部。对知识分子不搞教育，不靠政治思想工作，只靠温情。这些人都是极端个人主义者，但场长说这些人都是革命的，进步的，这些人来之不易。青年中唯一一个正面人物是一个不懂事的女孩子。没写与工农结合，对上海青年上山下乡是很大的歪曲。

二十、"花好月圆"：名字就没有阶级性，没有阶级斗争，对合作化是全面歪曲、攻击。农村没有一个好人，没有一个进步的，全是落后分子。一团漆黑，三八式的村长是老落后，其他党员不是怕老婆，就是搞投机，新党员李梅只知搞恋爱。只有一个贫农还写成小丑，对上中农的资本主义倾向不斗争，只搞物质刺激。把合作化写成只是为了提高生活，把落后势力写的凶恶顽强。似乎他们专政，我们没有办法。写多角恋爱，似乎男女见了就走不动了，低级。

二十一、"我们村里的年轻人"：写三角恋爱，四对。歪曲农村青年人的精神面貌，没有英雄形象，尽是中间人物。丑化革命干部，老社长是老保守，会计是反面人物。

二十二、"五朵金花"：整个影片写了一男一女，别人都是陪衬他们的恋爱的，对少数民族不说他们进步，政治成长，精神面貌的变化，尽写吃喝谈恋爱，情歌很有问题。

二十三、"星星之火"：以"五卅惨案"为背景，表现星星之火。"五卅惨案"发生在 1925 年，那时我们还没有根据地，主席还没有提出"星星之火，可以燎原"。说"五卅"就是星星之火，是歪曲。实际是宣扬立三路线主义，提倡城市暴动，领导工人空手夺武器，飞行集会。歌词中有一句："等我们需要时搞武装"，那就是说，这以前不需要武装斗争了。把一个农村妇女写成中心人物，不写工人，不符合历史事实，把工人阶级写得很软。

二十四、"革命家庭"：歪曲历史事实，歌颂王明路线。不写武装斗争，农村包围城市，只是写地下工作者，把地下工作者生活写得很豪华，脱离群众，影片充满了人情味。

二十五、"聂耳"：为阳翰笙、田汉立传，似乎上海地下党是他领导的，聂耳是他们培养的，他们是革命音乐、戏剧、电影的"祖师爷"，似乎反文化围剿的主将阳翰笙、田汉，是他们在主席之前提出了文艺与工农兵结合，为工农兵服务。写战争是从四次反围剿开始写的，不写一、二、三次，是写王明路线的，影片夸大了聂耳的作用，借聂耳来吹他们自己，似乎革命之源泉是："义勇军进行曲"唱出来的，是阳翰笙、田汉指出来的。是与毛主席思想争领导权，是搞反革命复辟之舆论准备，把聂耳写得很轻浮。

二十六、"地下航线"：违背历史事实，影片写地下党遭受破坏，游击队困在山上，不强调从战场上消灭敌人，夺武器，而靠地下送武器。写地下工作者不是靠群众，而是靠人智谋，神出鬼没，靠投机商，靠船老大，影片写了很多迷信，对迷信欺骗没揭露，掩盖了敌人之残酷，最后保持了航线，是违背了地下工作的真实的。

二十七、"烈火中永生"：严重的是为重庆市委书记（叛徒）翻案。小说里许云峰是工委书记，而在影片里成了市委书记，这是根本不同的。歪曲白区工作，市委书记在饭馆谈工作，江姐一被捕就承认为党员，地下办"挺进报"是盲动主义，把华阴游击队写成为重庆市委领导的，而重庆市委又为上海局领导的，是城市领导农村斗争，既违背主席思想又不符合历史事实，当时不是上海局，而是党中央直接领导。许云峰、江姐两个形象不好，许象旧知识分子，江姐有些娇气，华子良为疯子。有句台词不好，如特务头子沈养斋对江姐说："我可以把你全身扒光"。一面写生死斗争，一面写天安门联欢，把天安门联欢写在这个场合不好。

二十八、"女飞行员"：1956年、1957年时招了些女飞行员，是彭德怀、黄克诚领导的，影片却把林总的话写到那里，是为彭、黄翻案。宣扬了人和技术的矛盾，宣扬了技术第一，对留用的国民党教员，只强调了技术改革，不强调思想改造，所有人物、情节都是一切为了上天，写女飞行员只为了给妇女争口气，山沟里出凤凰。女飞行员写得很软弱，一遇问题就哭鼻子，不写政治思想工作，思想转变很简单，杨大娘一说项菲就转变了。

二十九、"万水千山"：主席批评写了分裂主义，只写了一方面军，没写二、四方面军。草地一场，凄惨低沉，一个教导员还死了，没有写主席的军事路线，没写出长征是主席思想的胜利。由于长征在历史上的重大意义，由于这片子在群众中有一定的影响，要组织力量重新拍摄。

三十、"柳堡的故事"：是涣散斗志、瓦解士气的片子。在紧张的斗争中，战士陷入爱情而不能自拔，宣扬了爱情、纪律之矛盾，最后冲突了纪律而取得了胜利。写二妹子一家之遭遇，阶级斗争是虚，爱情是实。指导员不做思想工作，反而说媒拉线，认为军队可以恋爱结婚。影片的手法、歌曲都利用了人情味，问题大，很多的手法恶毒。犯纪律用艺术手法使人回味，使人感之军队残酷。

三十一、"南方来信"：题材、主题是错误的，是对革命战争的歪曲。将革命战争写得很凄惨，独生子牺牲，

两代寡妇，最后通过假信来安慰的，将战争写得很凄惨，宣扬了和平主义。（独生子一般是不出征的）

三十二、"农奴"：有缺点，揭露有余，歌颂农奴不够。情调低，强巴解放后还没有翻身求解放的要求，还是农奴。没有革命的浪漫主义，迷信色彩重，调子低，有不好的宣传效果。

三十三、"带兵的人"：宣传中间人物。四连落后人物太多了，不像两年前的四好连队，连长只是严格要求，没有耐心说服，指导员工作很少，班长很粗暴，敲锣都打不到点子上，四好连队就好像为了保红旗打转转。阶级教育不够，小龙的转变就好像是他姐姐唱了一段歌，歌也是软的。

三十四、"雷锋"：有缺点，把雷锋的好事都集中到一天来做，不合理。影片中的毛主席像不好，是政治性错误。将雷锋的好事都由中间人物王大力来继承，不好。防洪部主任的形象也不好，他对雷锋说："好接班人"，结果雷锋死了，不好。

三十五、"水手长的故事"：把敌人写得很高明，估计我们的情况很准确，我们写得很被动，故事不真实，后半部离奇得很。

三十六、"大李、小李和老李"：低级、庸俗。把故事安排在屠宰场是别有用心的，影片影射我们像猪一样被宰割。写干部不是胖猪就是瘦猴，把车间主任关在冷藏室里，把干部写得像猪一样。

三十七、"赤锋号"：舰长水平低，不懂战术，闹个人主义，政委没原则性，跟舰长跑。孤儿的处理不恰当，插曲不健康。

三十八、"冰山上的来客"：作者是伪满人员。没有党的领导，夸大个人作用，整个影片没有政治工作，排长凭笛子指挥战斗，凭歌子辨别特务。音乐从头至尾是靡靡之音，情歌都是伪满歌曲翻版。

三十九、"野火春风斗古城"：争取关团长起义，没有和当时斗争的环境联系起来，看不到争取的重要性，美化了关敬陶，似乎非争取他不可，把汉奸写得正义爱国，我们非常相信他，事实是很危险的，是冒险主义。杨晓冬在关键时刻软弱，金环像泼妇，拔簪子刺敌人不合理，银环是中间人物，屡犯错误，与杨晓冬一见钟情，过分写了这段爱情，杨母三次出场，两次是给儿子说媳妇，歪曲了革命母亲的形象。

四十、"五十一号兵站"：对党的秘密工作是歪曲，污蔑干秘密工作是整天投机取巧，整天和敌人、地痞流氓混在一起，不依靠群众，有些搞法是敌人搞特务的作法。写上海党什么也不行，一个小青年就解决问题。

四十一、"今天我休息"：把先进工作者的事迹都写在一天做，不合理。宣传有劳无逸，马天民也写得傻乎乎，有些是为了取笑。

四十二、"碧空雄师"：写中间人物，林大海转变，写成主要是姐姐的教育，没有四个第一，连长既官僚主义，又粗暴。指导员是非不清，不解决问题。

四十三、"三个战友"：丑化革命军人形象，看不到党的领导，看不到阶级斗争，三个人，一个怕老婆，一个搞恋爱，一个白发，充满了低级趣味。

四十四、"红河激浪"：为高岗、习仲勋翻案。

四十五、"怒潮"：美化彭德怀，为彭德怀翻案。最后写攻打城市，不建立农村根据地，是错误的军事路线，插曲有问题。

四十六、"人民的巨掌"：歪曲党的肃反政策是宽大无边，为反革命杨帆翻案，把地下党写得比老八路还高明的多。解放后，上海似乎还由敌人控制。（敌人的电台等）改造特务不是靠群众，而是靠家庭，靠大学生。

四十七、"女篮五号"：没有党的领导，宣扬了篮球队指导作用，美化了资产阶级小姐爱上了穷运动员，宣传了阶级调和，合二而一。

四十八、"红霞"：宣传假投降，美人计，是不符合事实的。红霞在临死前的歌曲，宣扬了活命哲学，情调是小资产阶级的。

四十九、"生活的浪花"：是暴露社会阴暗面的电影，攻击社会主义制度，攻击党组织无能，对问题不敢管，或是温情主义，宣传专家专政，教授专政，宣传人在前进的道路上一定要摔跤，也不用学习，摔了跤就会爬起来。

五十、"抓壮丁"

五十一、"兵临城下"

五十二、"阿诗玛"

北京轻工业学院人民勤务员战斗组印

沈阳机床公司毛泽东思想工人革命造反
兵团第三分团无所惧战斗队翻印

1967 年 2 月 28 日

（2）一月风暴

1967 年 1 月，以上海工人革命造反总司令部（四人帮
里的王洪文就是上海工总司司令）、红卫兵上海市大专院
校革命委员会红革会、首都红卫兵革命造反总司令部第三
司令部驻沪联络站、清华大学井冈山兵团驻沪联络站等三
十二个革命群众组织联合发起了"一月夺权风暴"，先后
夺取了上海市委、市政府、公安局、检察院、法院及《文
汇报》、《解放日报》的大权，得到了最高统帅毛泽东的
赞许和支持，中共中央、国务院、中央军委、中央文革小
组给上海市各革命造反团体的贺电赫然刊登在全国各大报
刊头版头条上。

继而，"一月风暴"席卷全国，各地革命造反组织纷
纷起来夺取各地的党、政大权（军权是不许夺的），其中
都很注重夺取当地宣传喉舌——省、市机关报的大权。

文革前的《沈阳晚报》在文革期间由于被不同政治观点派别先后夺权、控制，而不得不几次易名。在 1967 年 1 月里就从《沈阳晚报》改为《红色电讯》，又改为《沈阳红色造反报》，再改为《造反有理报》。文革结束后才改回《沈阳晚报》。

下面摘录的史料就真实再现了那个时代的闹剧。

《造反有理报》告沈阳全市人民书

革命的同志们，革命的红卫兵战友们：我们向全市人民郑重宣告：一九六七年一月二十六日零时，我们十八个革命造反组织终于把被党内走资本主义道路当权派所把持的《沈阳晚报》的权再一次夺回来了！这一革命行动，好得很！好得很！

我们伟大的领袖毛主席教导我们：革命的根本问题是政权问题。这场无产阶级文化大革命，归根到底，就是一场无产阶级与资产阶级之间你死我活的夺权斗争。有了权，就有了一切，没有权就没有一切。天下者我们的天下。国家者我们的国家。社会者我们的社会。无产阶级的掌权者，我们！我们！我们！《沈阳晚报》长期以来。在党内一小撮走资本主义道路当权派的把持下，成了他们反党、反社会主义、反毛泽东思想的顽固堡垒。这一小撮人，利用《沈阳晚报》贩卖毒草，大放暗箭，为资本主义复辟大造舆论准备，对党、对人民犯下了罄竹难书的滔天罪行。这样的报纸不该夺权吗？该夺！一千个该夺！一万个该夺！就是在这种情况下，于一九六七年一月十一日，由我市十五个革命组织，满怀着对阶级敌人的深仇大恨，对无产阶级革命事业的无限忠诚，第一次联合夺权成功了！革命造反的《红色电讯》诞生了！这是革命的夺权！一切真正的无产阶级革命造反派无不欢呼：好得很！好得很！

　　但是，正如毛主席教导我们的，敌人是不甘心于自己的灭亡的。在政权问题上，一切反动势力对无产阶级，总是寸权必夺，决不让步的。他们必定会以十倍的疯狂去夺回他们失去了的天堂。于是，无产阶级的夺权斗争出现了反复。我们非常痛心地看到：在一小撮走资本主义道路当权派和极少数坚持资产阶级反动路线的顽固分子的唆使下，一些保皇势力把刚刚被我们无产阶级革命造反派夺回来的权，又夺回到这些资产阶级老爷手中。《沈阳红色造反报》就这样出笼了。必须指出，在这次保皇势力的反扑中，一些人打着革命造反的旗号，干着保皇的勾当，暴露了十足的实用主义嘴脸。这些人阳奉阴违，两面三刀，当面"支持"一派，背后又"支持"另一派，阳一套，阴一套，拉大旗作为虎皮，包着自己去吓唬别人，扮演了极为丑恶的角色。在这里，我们严正声明：《沈阳红色造反报》是资产阶级反动路线的新产物。这次事件，是一次反革命事件，是资产阶级反动路线的新反扑！无产阶级的报纸落在这样一小撮混蛋手中，我们无产阶级革命造反派能答应吗？不能！绝对不能！头可断，血可流，无产阶级的政权不可丢！《沈阳晚报》的权，我们一定要夺回来！毛主席教导我们："下定决心，不怕牺牲，排除万难，去争取胜利。"反复和曲折吓不倒我们无产阶级革命造反派，反倒使我们信心百倍，斗志昂扬，我们要夺权！夺权！把被保皇势力和一小撮混蛋夺去的权，夺回来！把革命的印把子牢牢地掌握在我们无产阶级革命造反派手中！在十八个革命组织联合行动下，现在，我们满怀战斗的激情，向全市人民庄严宣告：无产阶级革命造反派第二次夺权胜利了！《造反有理报》诞生了！让我们热烈欢呼：毛主席万岁！万岁！万万岁！在这胜利的时刻，我们要牢记毛主席的教导，阶级敌人是决不甘心于他们的失败的。他们必定会做最后的挣扎。我们一定要擦亮眼睛，严阵以待，准备随时击退保皇势力的新反扑！用鲜血和生命保住无产阶级的铁打江山。让毛泽东思想的伟大红旗永远高高地飘扬在《造反有理报》的红色阵地上！无产阶级革命造反派联合起来！无产阶级革命造反精神万岁！

无产阶级文化大革命万岁！

我们的伟大导师、伟大领袖、伟大统帅、伟大舵手毛主席万岁！万岁！万万岁！

造反到底沈阳联合委员会

毛泽东思想红卫兵硬骨头造反总团

毛泽东思想革命工人造反联军沈阳总部

毛泽东思想工人革命造反卫东军总部

红色造反者沈阳市联合总部

毛泽东思想工人革命造反军总部

毛泽东思想工人革命造反联军沈阳总部

毛泽东思想钢铁游击队沈阳建材总部

毛泽东思想红卫兵沈阳总部

辽宁省体育战线红色造反总司令部

中国科学院沈阳地区红色革命造反联合总部

毛泽东思想红卫兵沈阳教工革命造反总部

毛泽东思想红卫兵东北无产阶级文化大革命资料征集委员会总部

中共中央东北局机关红色革命造反团

中共辽宁省委机关革命造反联络总部

中共沈阳市委机关革命造反串联总部

毛泽东思想先锋战斗团沈阳市人民印刷厂总部

毛泽东思想红卫兵红色造反团《辽宁日报》总部

《造反有理报》红色造反团总部

1967 年 1 月 26 日零时

（3）辽宁三派

下面摘录了部分 1966 年末和 1967 年初时的报载简讯。反映了文革时响应领袖号召的不同名号造反派对党政机关夺权反夺权的乱象。

为坚决贯彻中央军委紧急指示，搞好平反，彻底批判资产阶级反动路线，辽大"八三一"红卫兵、红色造反团进驻省委，并于（1966 年 11 月）十一日和沈农毛泽东思想红卫兵、革命造反团发起红色暴动，砸开了省委所谓的"档案"大楼，搜出大批（文革运动初期整群众的）黑材料。红色暴动大灭了资产阶级保皇派的威风，大长了无产阶级革命派的志气。

沈阳化工学院党委第一书记谢登宏，运动以来顽固坚持执行资产阶级反动路线，对抗中央军委指示，不给被打成"右派""反革命"的同学平反，挑动群众斗群众，残酷地镇压学生运动，罪恶累累，民愤极大，成为文化大革命运动中的绊脚石。对此，中共沈阳市委书记处于（1966年）十二月十三日决定撤销谢登宏党内外一切职务。

（1966 年）十二月一日毛泽东思想沈阳聋哑工人革命造反总部庄严宣布成立。他们在宣言中坚决表示：斗倒党内走资本主义道路的当权派和骑在聋哑人头上作威作福的老爷们；改变聋哑人在社会上的落后状态；把全国聋哑人协会及所属单位办成毛泽东思想的大学校。

毛泽东思想红卫兵沈阳总部战士高举毛泽东思想伟大红旗，坚决执行中央军委指示。东工毛泽东思想红卫兵用大量事实揭发了院党委委员、院工会主席原立，院党委宣传部副部长王东生等五人对抗中央军委指示，破坏无产阶级文化大革命的罪行。经沈阳市委批准，决定开除原立、王东生、解于泽三同志的党籍，予院党委组织部副部长鲁承周、宣传部干事张英留党察看一年处分，以教育本人，教育全党。

沈阳鲁迅美术学院毛泽东思想红卫兵和革命师生员工于十二月十四日召开"誓死捍卫以毛主席为代表的无产阶

级革命路线夺取新胜利誓师大会"。会上宣布了中共辽宁省委关于开除原（省委派出的）工作队队长宁涛党籍的决定。

沈阳药学院毛泽东思想红卫兵、革命师生揭露了辅导员王忠琴对抗中央军委指示，采取一赖、二哭、三撒谎的卑鄙伎俩。经院党委研究通过，开除王的党籍。

周恩来总理于（1966 年）十二月十七日晚九时三十七分至十一时十分在北京人民大会堂接见了毛泽东思想红卫兵总部辽大"八三一"红卫兵、红色造反团七名战士。陪同接见的有中央文革小组成员穆欣同志，中央办公厅副主任李质中同志。周总理非常关心辽大"八三一"全体战士，完全支持辽大"八三一"关于处理黑材料的意见，并鼓励辽大"八三一"红卫兵、红色造反团在这方面做出榜样。

（1967 年）一月三日上午，沈阳体育学院毛泽东思想红卫兵、红色造反团战士，采取了革命行动，接管了沈体院"红后代"总部及广播站，搜出大批黑材料。臭名远扬的"沈阳红后代"干尽了坏事，而体院红后代里的一小撮最顽固分子恰是这个组织的得力打手。革命群众强烈要求开除沈体红后代主要领导人王贤巨的党籍……

（1966 年）十二月二十九日晚上，辽宁省委决定：

一、撤销反革命修正主义分子、《辽宁日报》总编辑、省委常委殷参的党内外一切职务，报中央批示。

二、开除《辽宁日报》原党委书记、现代总编辑黄照，现副总编辑宇光，现党委副书记江浩的党籍，撤销党内外一切职务。

三、撤销反革命修正主义分子、《辽宁日报》副总编辑王遵佗、牛君仰党内外一切职务，报东北局批示。

四、撤销反革命修正主义分子、《辽宁日报》总编室主任孔庆举和编委郑直、马明华党内外一切职务。

五、撤销现行反革命分子、编委刘胜克党内外一切职务，开除党籍，交司法机关依法惩处。

六、在五天内，追回省委派到辽宁日报社的黑工作队，省委书记王良到辽宁日报社向革命群众检查。

1967 年 1 月 8 日，以辽大"八三一"为首的沈阳 67 个革命群众组织进驻沈阳市公安局，夺了公安局大权。

1967 年 1 月 12 日，《辽宁日报》社里的造反派组织联合辽大"八三一"等沈阳八个造反派组织夺了报社大权。

1967 年 1 月 29 日，辽大"八三一"从所属的毛泽东思想红卫兵沈阳总部退出，联合其他造反组织成立了"沈阳革命造反总司令部"。1 月 30 日，辽大"八三一"以"沈阳革命造反总司令部"名义再次夺了《辽宁日报》的大权，从而宣告了东工思想兵与辽大"八三一"的彻底分裂。以东北工学院思想兵为中坚的思想兵沈阳总部参加了于 1967 年 2 月中旬成立的"辽宁革命造反派大联合委员会"（简称：辽联）后，辽大"八三一"组建了辽宁和沈阳的"八三一革命造反总司令部"（简称：八三一），而得到军队支持的群众组织则在 1967 年五月初成立了"辽宁无产阶级革命派联络站"（简称：辽革站）。这就是文革运动中的沈阳三大派。这三大派的分歧简单点说就是：

辽联：保宋任穷（东北局第一书记），批评军区支左有方向路线错误。

八三一：打倒宋任穷，批评军区支左犯方向路线错误。

辽革站：打倒宋任穷，军区支左就是好。

　　这是辽沈地区文化大革命时期互相对立的三大派中的辽革站的机关报《铜墙铁壁》报头照。

　　这是文革时辽沈地区三大派中的八三一派的机关报报头照。

　　这是文革时期辽沈地区三大派中的辽联派的机关报报
头照。

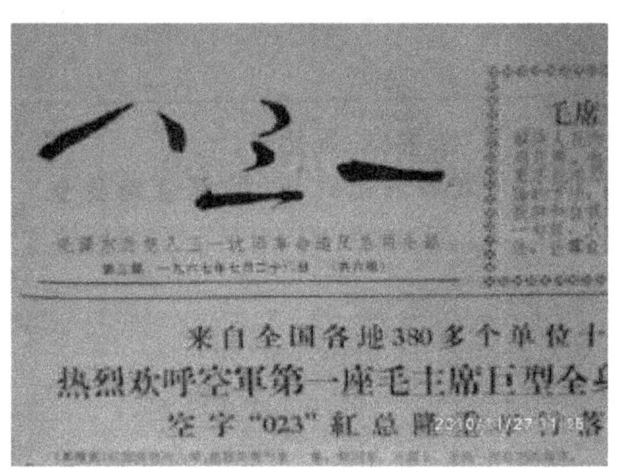

（4）文革刊物

　　文革时期特别是 1966 年-1968 年间，从中央（《人民
日报》、《解放军报》、《红旗》杂志除外）到各省、
市、自治区，几乎所有的官方报纸、杂志均停止发行，而
取而代之的则是不断出现的由各地较大规模派性组织发行
的派报。这些自行出版发行的报纸、杂志，其报头、刊头
五花八门，其数量恐怕也无人统计，无法收集齐全。当时
的国人就生活在观点各不相同的舆论宣传的氛围之中，了
解社情，猜度局势。当然，大局发展还是由两报一刊来主
宰。

　　文革已经过去几十年了，今天的年轻人大多都不了解
文革是怎么回事，那时的社会又是什么样子，而经历过那

个时代的人也已垂垂老矣。而严重阻碍了国家健康发展、造成民族灾难的文革运动至今也没有得到彻底清算。历史不应被遗忘，历史记忆也不应逝去。著名作家巴金老先生生前就呼吁建立文革博物馆，让历史记忆重现，让后人不忘过去，更好地走向未来。

　　本人的"文革记事"就是为了不忘历史，警醒后人。下面所发的文革时期报纸照片汇编，愿与诸君共赏。

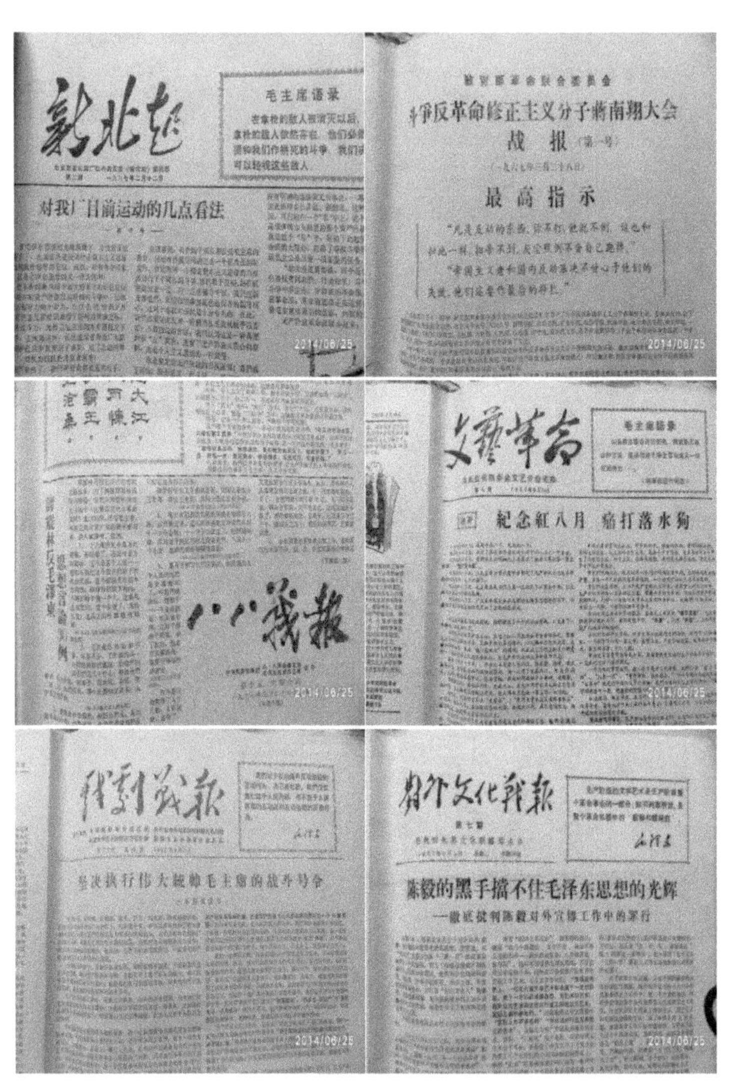

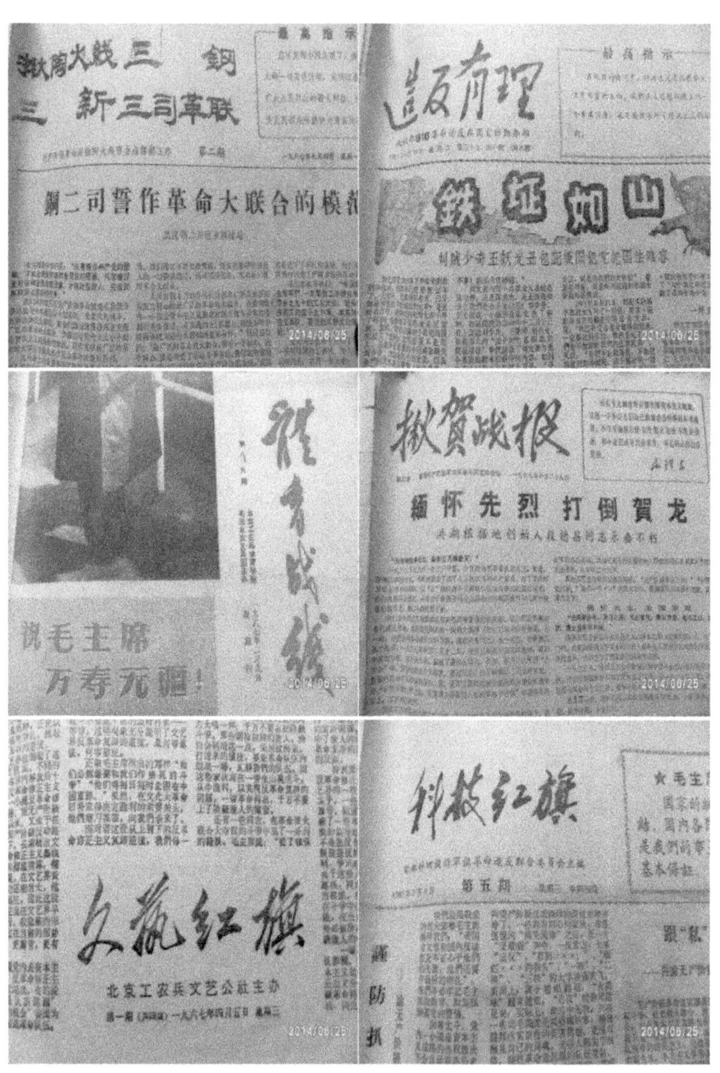

新人大
各地革命委员会负责同志
谈阶级斗争的新形势 新动向 新特点
北邮东方红
高举毛主席革命路线伟大红旗 打倒刘少奇、邓小平的忠实走狗
万余革命群众声讨反革命修正主义分子胡乔木
北京公社
首都三司
破私立公 实现大联合
本报勤务部
毛主席语录
红卫兵
红卫兵报
红卫兵东城战报
东方红
毛主席万岁!
人民万岁!
伟大统帅毛主席

革命造反报
最高指示
一切权力归真正的革命造反派
新湖大
怒挥长剑斩魔爪
解放河南
武汉钢二司
中学红联
造反之声
一九六九年八月十八日
一支向无产阶级反夺权的反革命别动队
井冈战报
死难烈士永垂不朽
江苏主力军
铁道
红旗
江苏无产阶级革命派联合控告团
迎接江苏的新曙光

徐州工人
江青同志五月十二日重要讲話
浙江风雷
中共中央关于湖南問題的若干决定
新潮大
人間正道是滄桑
怒声讨刘少奇七·九检查 彻底击溃刘少奇的新反扑
革命干部到群众斗争的风雨中去
新矿工
奋起千钧棒 痛打万张賊
陈伯达同志七
砸烂战报
我市革命造反派万人批斗张×三大会勝利召开

衛東紅小兵
最高指示
彻底砸烂反革命裴多菲俱乐部——二流堂
紅衛兵
中国的赫鲁晓夫 刘少奇伸向天津的黑手
历史的铁証
新津醫
論无产阶級革命派的夺权斗爭
《红旗》杂志一九六七年第三期社論
红衛战报
人民解放军坚决支持无产阶级革命派
红色造反者
革命造反派胜利夺得地委 专署 市委 市人委大权
毛泽东思想 紅卫兵
掌握大方向迎接新战斗

庆祝"八一"专刊
隆重庆祝伟大的中国人民解放军建军四十周年
七·二三见闻
周总理转达毛主席关于革委会的最新指示
红卫战报
春城工人运动的历史潮流
彻底打倒宋任穷

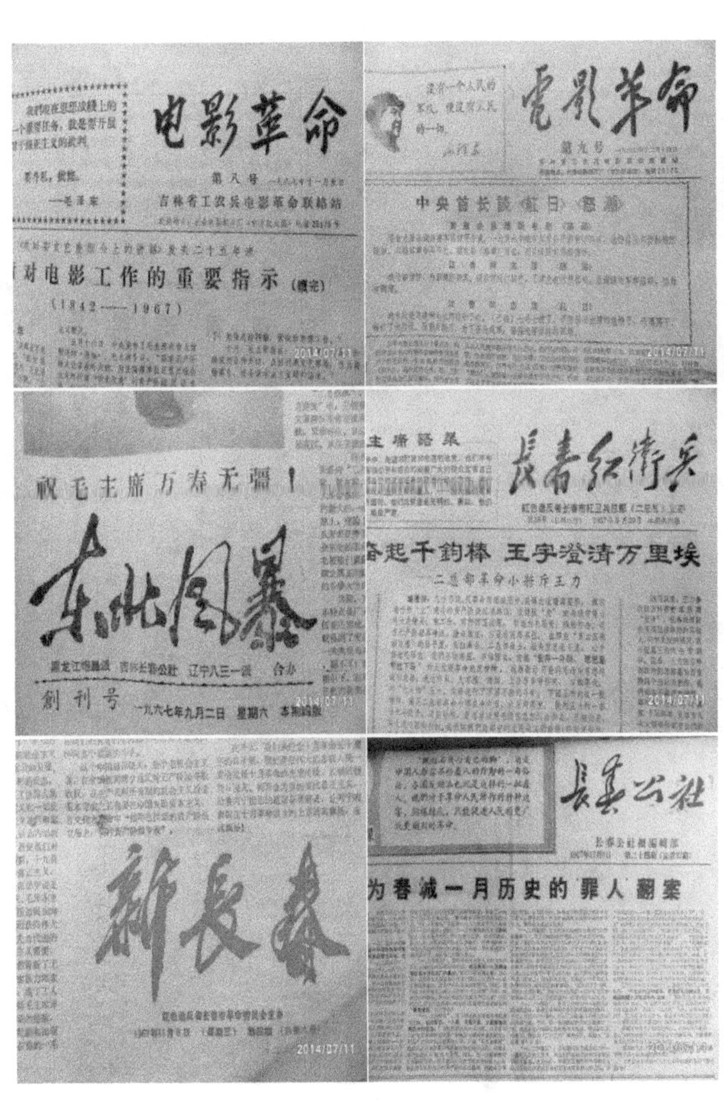

11·19战报
毛主席语录
纪念六月保卫战
红岩
第三十二期
永远
坚定决心,不怕牺牲,
万难,去争取胜利,
排除万难　去争取胜利
为建立四川省革命委员会而奋斗!
打倒四川翻案妖风的黑后台
文化大革
好,整个
都好
4·22战报
广西4·22
南疆红旗
中央首长重要讲话
奋战二十天
南疆一片红
迎接广西革命委员会的诞生
往东南反革命叛乱记述

南京工人
第三期
"毛主席万岁！万岁！万！
戚本禹同志怒斥叛徒
红砲兵
土匪、"全軍标兵"、杀人犯
中共中央关于湘南问题的若干决定
湖南工联
东方红
大方向完全正确
江青同志谈目前全国
小二四评论
学习烈士 勇
广泛深入开展问题资料
解放河南
文攻武卫 巩固胜利 扩大胜利
八二四革命造反派将革

工人战报

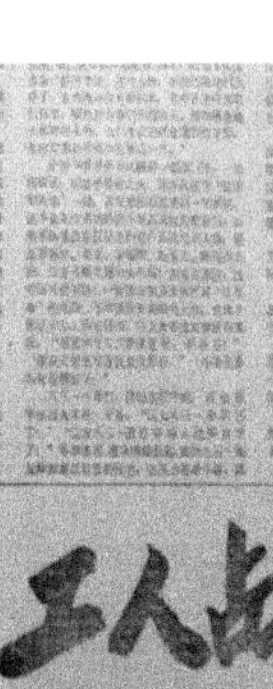

工农兵

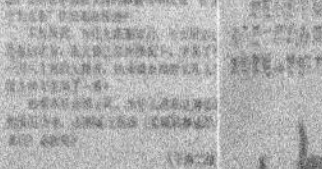
打倒彭高饶　彻底摧毁刘邓资产阶级司令部！

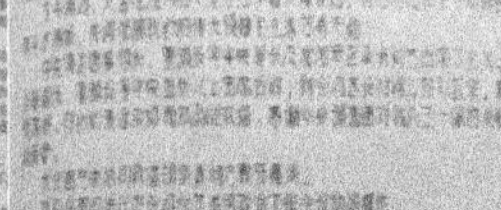
中学红旗

就沈阳市各中学军政训练情况
給中央調查小組的第一份报告

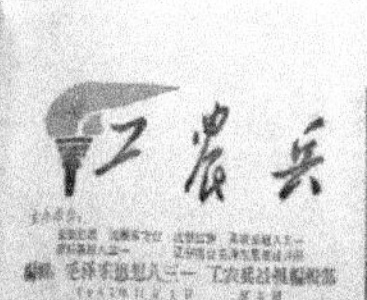

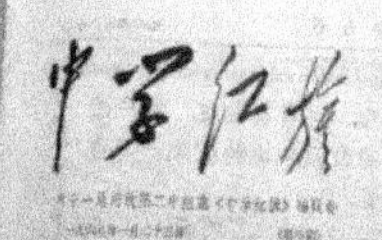
一场革命与反革命的生死大决战
——武汉七·二〇反革命暴乱記实

红色战报

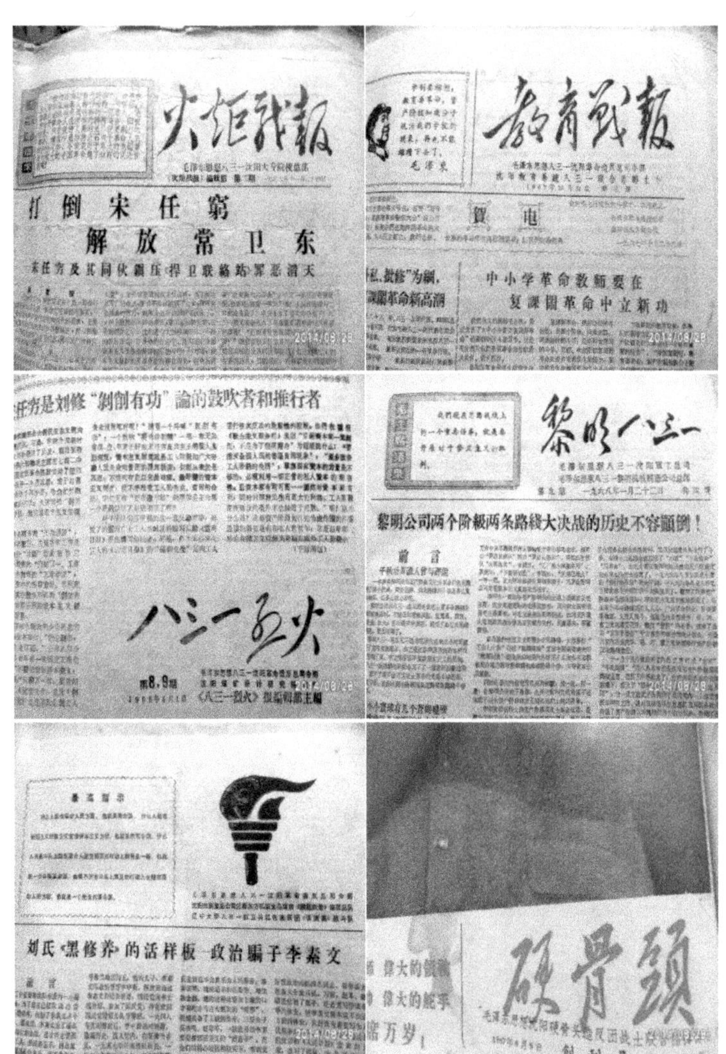

红卫报
向沈阳的保皇混蛋們挑战
辽大八三一的大方向就是错了
碧血�染腥化怒潮
红卫报
东方红
红旗
声讨电
辽宁工人
卫兵报
红卫报
遼联战报
辽宁革命造反派大联合委员会主编
第一号 1967年5月10日 本期（共四版）
红旗报
第十八期
肃清《修养》在思想政治工作中的流毒
红卫报
东方红
井冈山
八一九战报
新东工
红卫

打倒瓶颈　消除隐患
一月革命军
一月革命军
讨黑《辽报》《沈报》檄文
本报编辑部
造反有理报
欢迎革命的領导干部站出来造反
辽大红衛兵
（快报）
第二号
无产阶级革命派在毛泽东思想的伟大旗帜下联合起
迎接我省文化大革命的新
鲁迅战斗报
满江红

191

丹东工人
碧血書青史 肝胆照江山
——学习屈軍同志彻底革命的无产阶级精神
新丹东
丹东命运的大决战
——评丹东驻軍支左工作中的方向路线錯误
礦院紅衛兵
共中央、国务院、中央軍委、中央文革小組
于处理鞍山問題的决定
台安战报
第二期
台安县革命委員会
关于坚决响应毛主席"斗私,批修"的伟大战斗
进一步把全县办成毛澤东思想大学校的决定
革命到底
红色风暴
創刊号

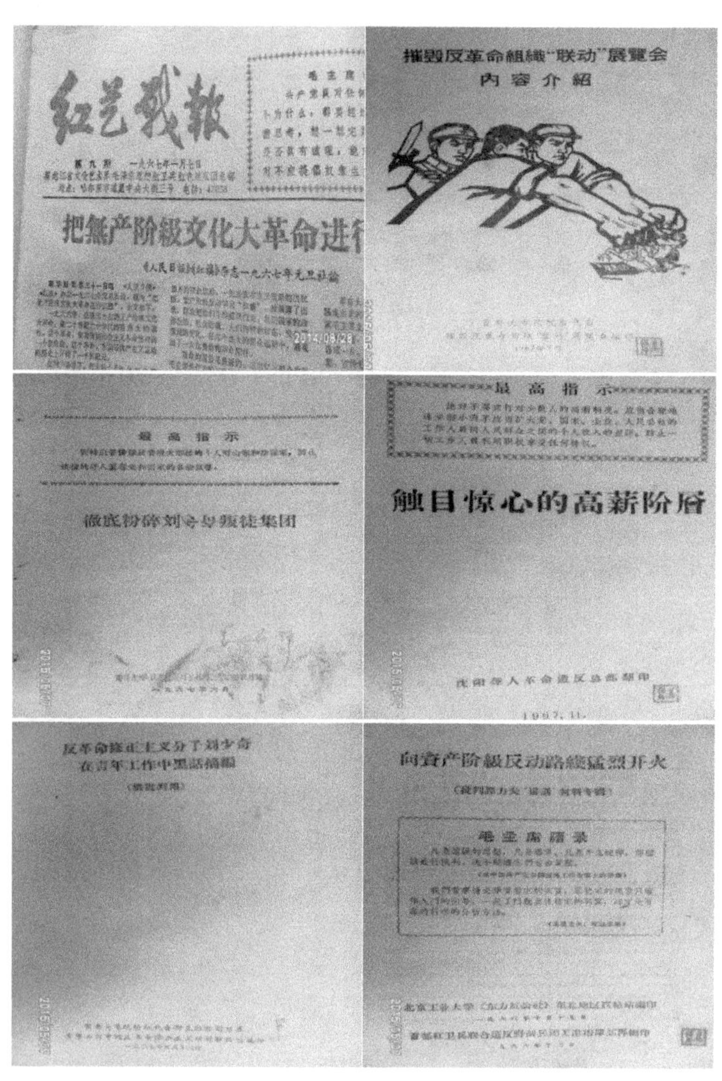

红艺战报
把無产阶级文化大革命进行
摧毁反革命組織"联动"展覽会 内容介绍
最高指示
徹底粉碎刘令导叛徒集团
触目惊心的高薪阶层
反革命修正主义分子刘少奇 在青年工作中黑话摘编
向資产阶级反动路綫猛烈开火
毛主席語录

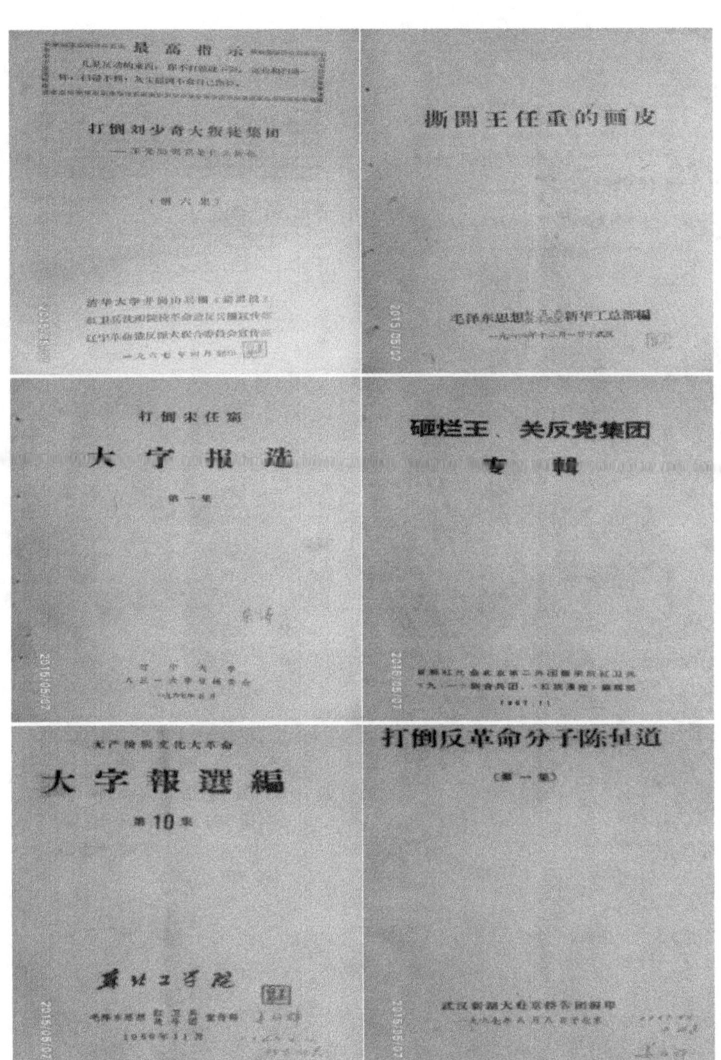

最高指示
打倒刘少奇大叛徒集团
（第六集）
清华大学
一九六七年

撕開王任重的画皮
毛泽东思想　新华工总部编

打倒宋任穷
大字报选
第一集
辽宁大学

砸烂王、关反党集团
专辑
1967

无产阶级文化大革命
大字报選編
第 10 集
东北工学院
1969年11月

打倒反革命分子陈再道
（第一集）
武汉新潮大批判战斗团翻印

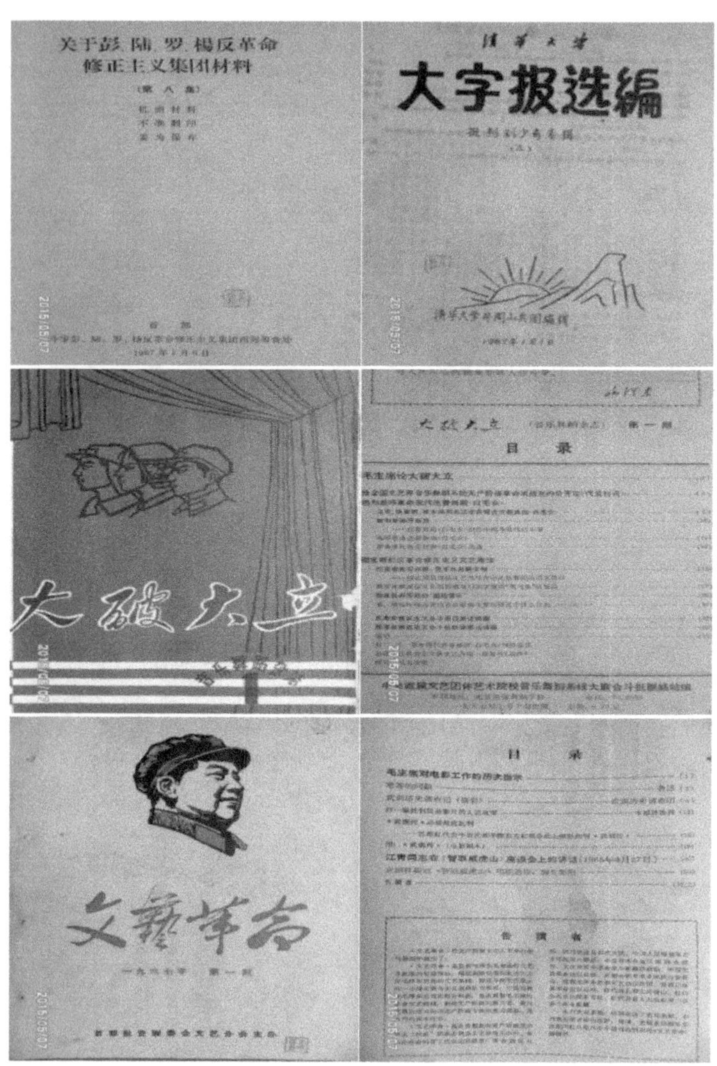

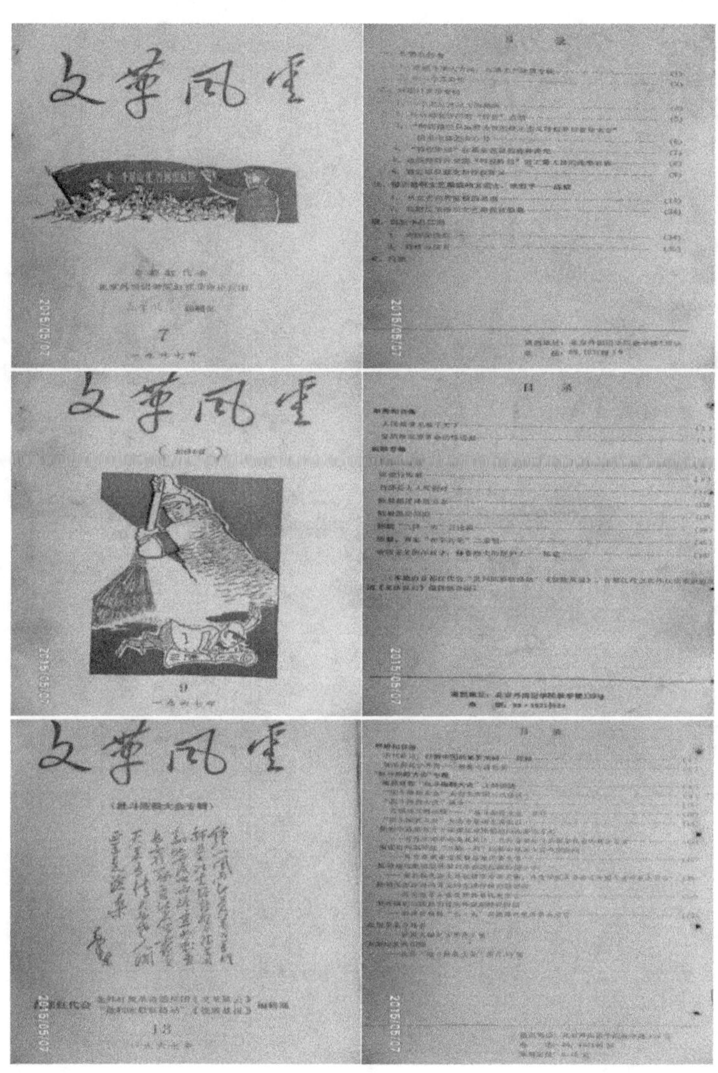

毛主席革命实践活动
论无产阶级文化大革命
林彪同志生平
一九六七年四月
揭开干部子女学校的黑幕
打倒反革命分子林杰
砸烂反革命阴谋集团
（大字报）
上海教育

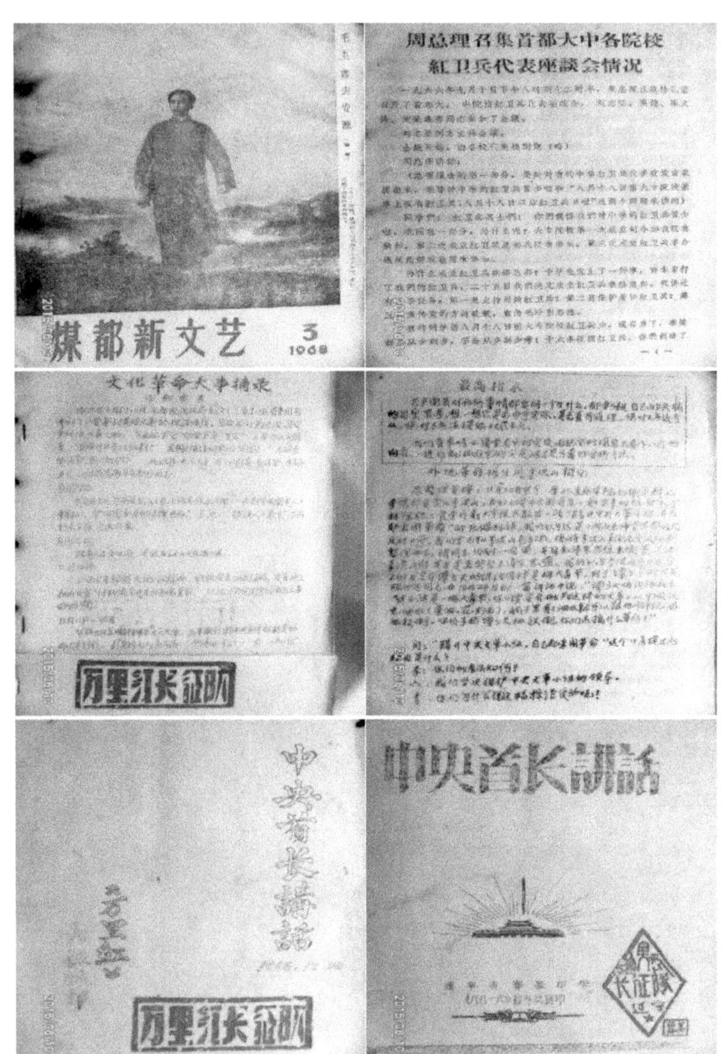

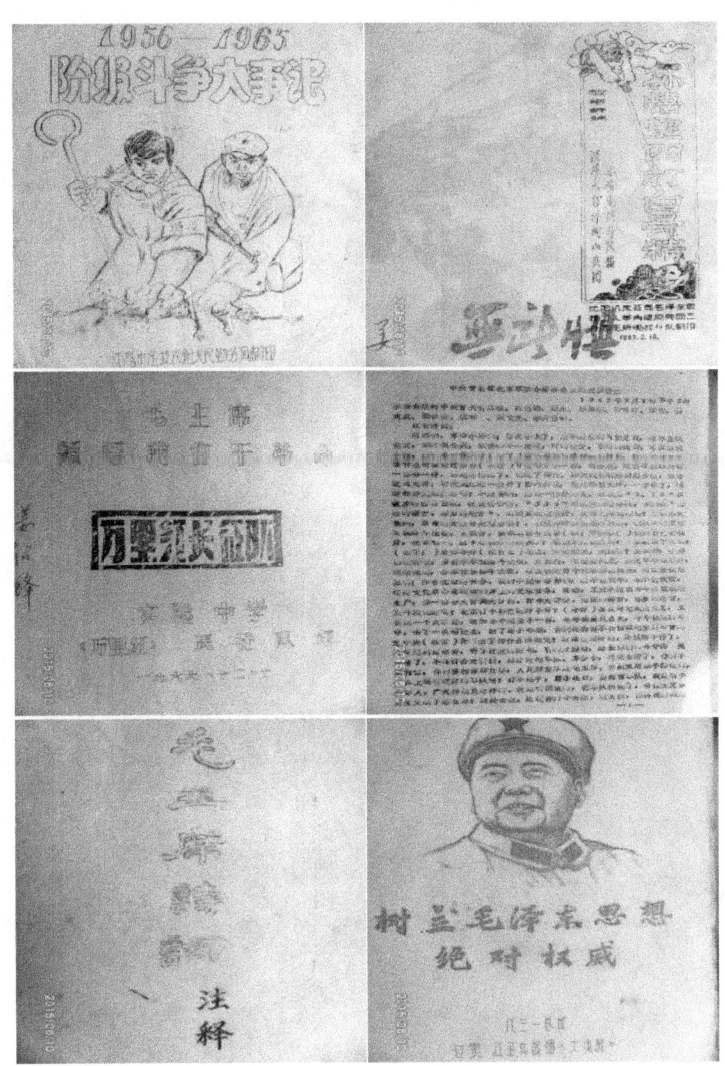

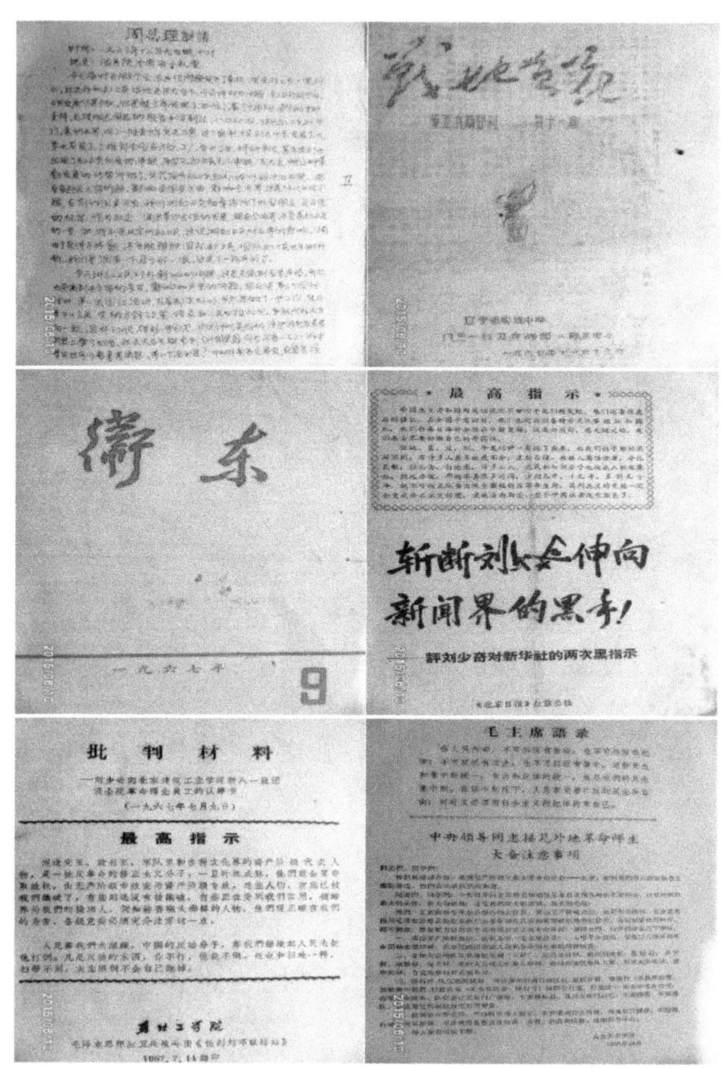

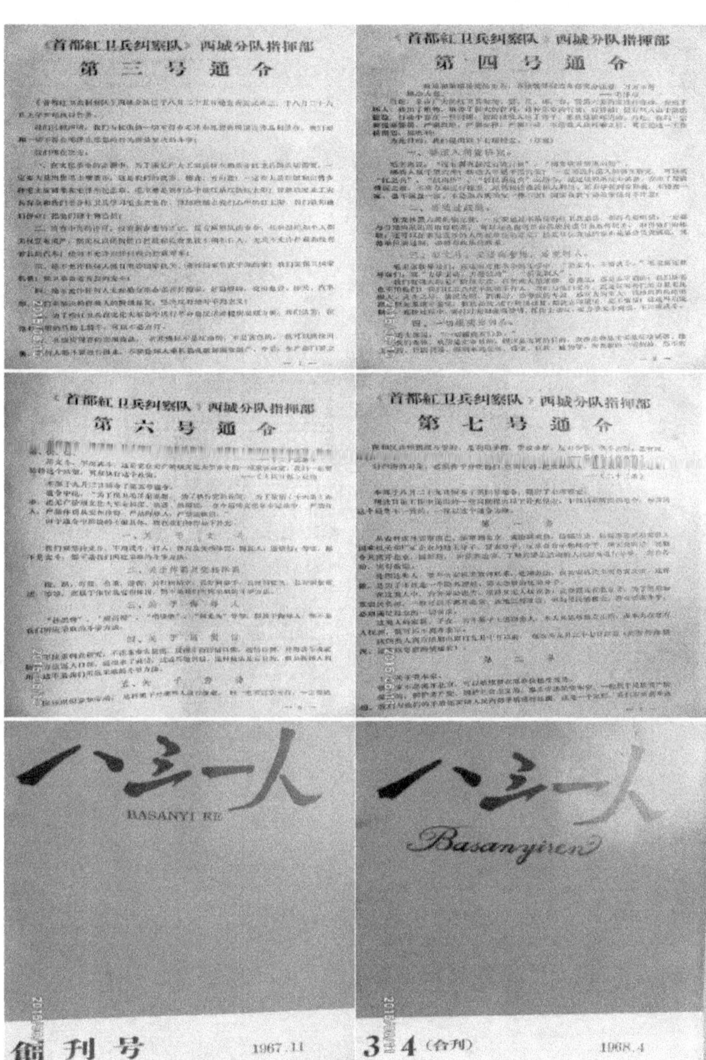

《首都红卫兵纠察队》西城分队指挥部
第 三 号 通 令

《首都红卫兵纠察队》西城分队指挥部
第 四 号 通 令

《首都红卫兵纠察队》西城分队指挥部
第 六 号 通 令

《首都红卫兵纠察队》西城分队指挥部
第 七 号 通 令

八三一人
BASANYI RE

八三一人
Basanyiren

创刊号   1967.11

3 4 (合刊)   1968.4

203

关于在无产阶级文化大革命中
五个大联合的站队问题

辽宁技校八三一《万山红遍》翻印

一九六八年六月二十一日

毛主席接见在京
集训和开会的军队干部

周总理、陈伯达、康生、江青、杨成武、
邱会作等中央首长作了重要指示

周总理对北京市红卫兵代表的讲话

毛主席批示：照办。

中国共产党中央委员会

布　告

中共中央文件

中发〔68〕12号

毛主席批示，照办，

中共中央、国务院、中央军委、中央文革
关于成立辽宁省革命委员会的批示

中共中央文件

中发〔68〕115号

毛主席批示，照办。

中共中央、国务院、中央军委、中央文革

布　告

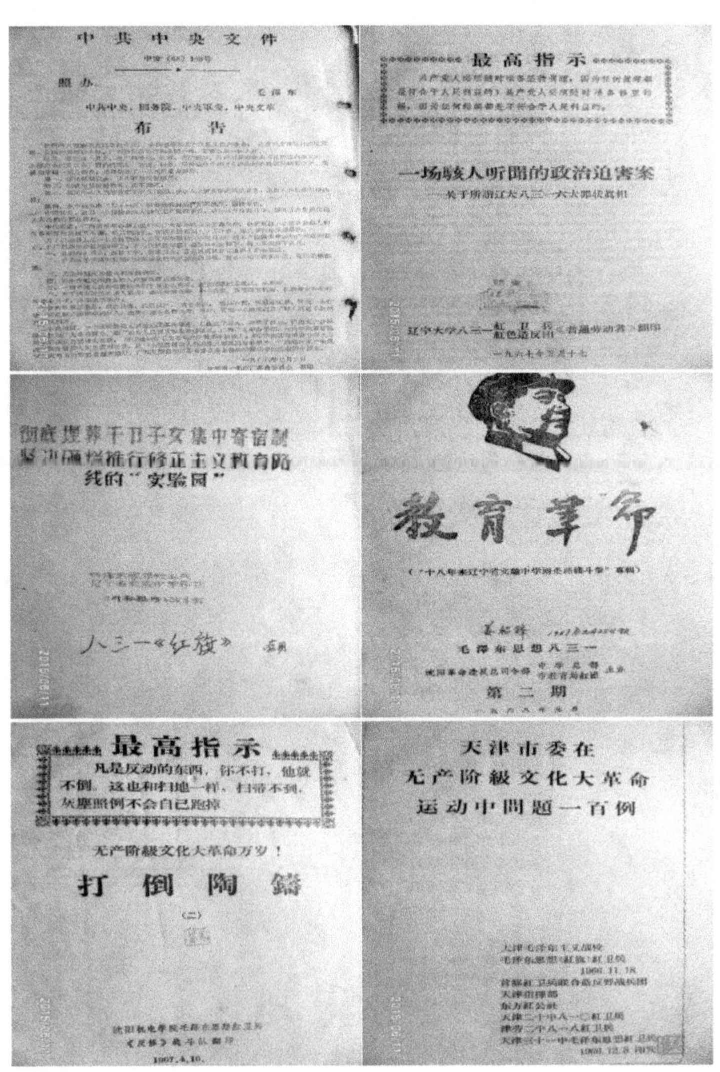

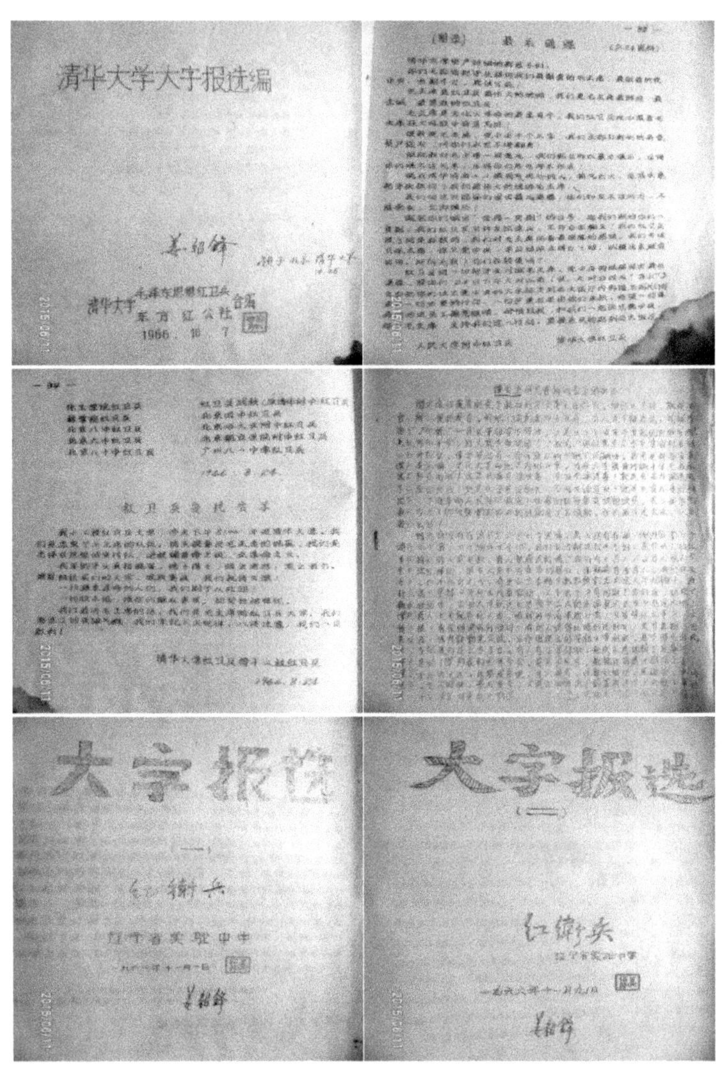

清华大学大字报选编
姜绍烽
清华大学 毛泽东思想红卫兵
东方红公社 合编
1966.10.7
大字报选
红卫兵
大字报选
(二)
红卫兵

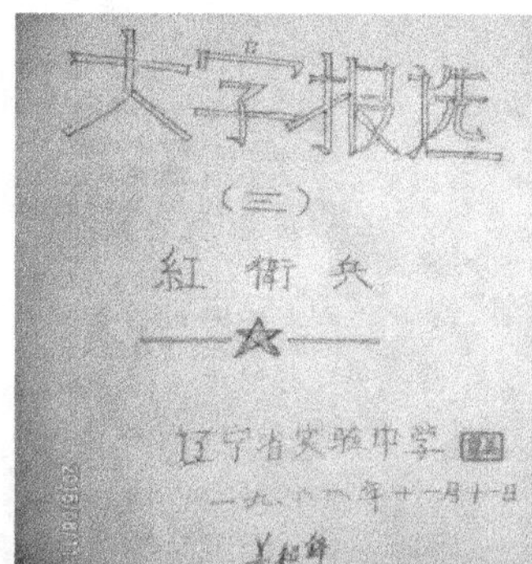

毛远新同志接见
八三一赴京代表团的讲話
（1————9次）

附：关于在北京召开八三一战斗会委扩大会议的公开信

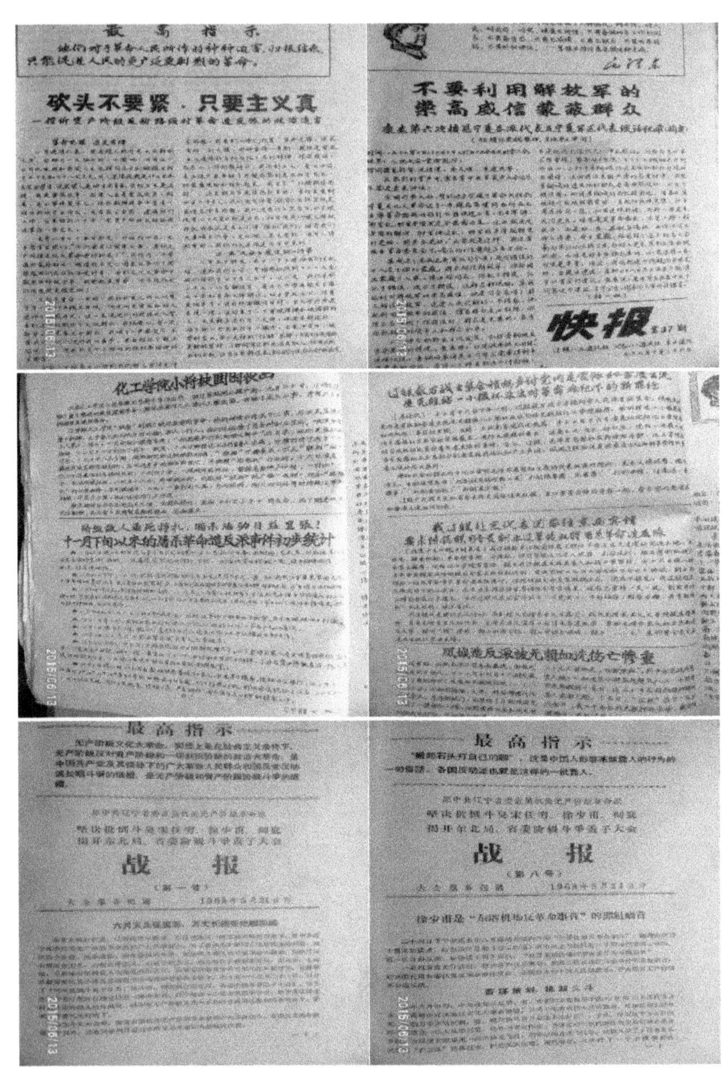

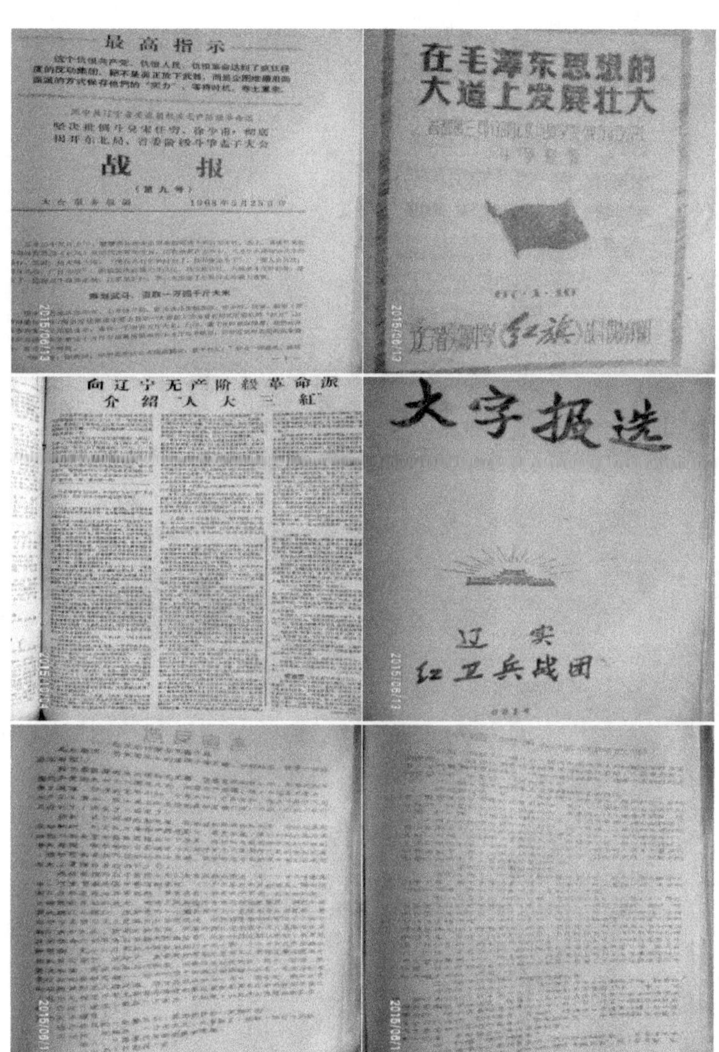

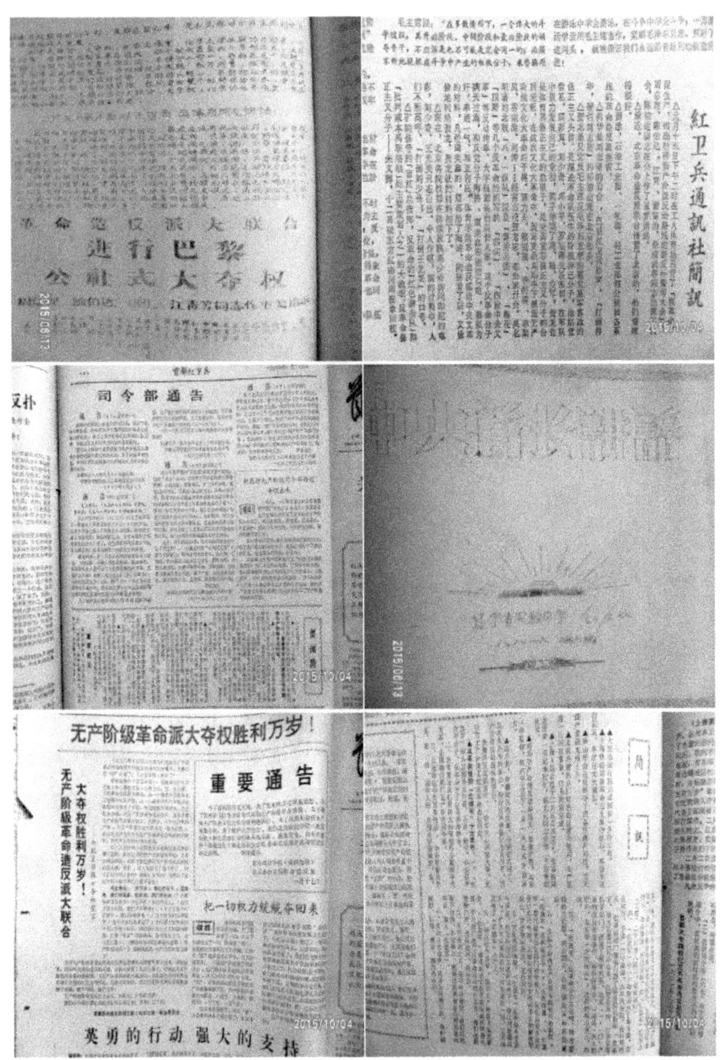

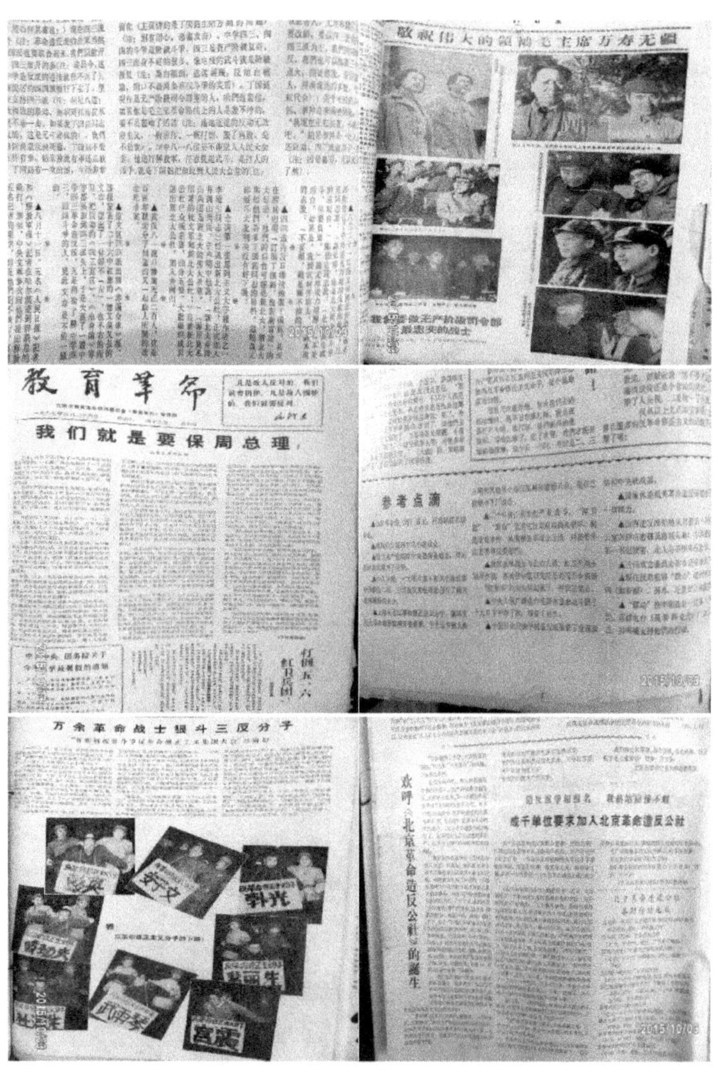

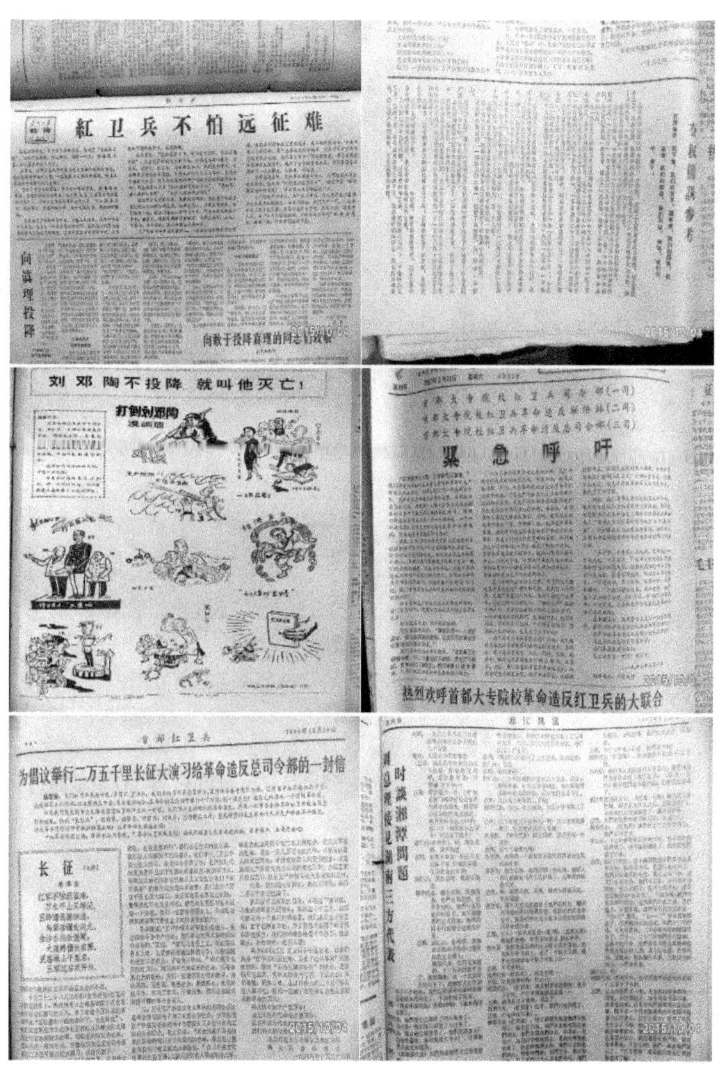

彻底打倒刘少奇大叛徒集团
刘邓叛徒网
大杀回马枪
文化大革命与枪杆子
广州红联、红警司情况简介
广州造反派英雄事
七月二十三日凌晨在河南代表团会议上
江青同志的重要讲话

中共中央关于湖南问题的若干决定
周总理的重要讲话
红旗雷达战报
革命造反派的气决不会阉溃
严正声明
简讯

北京大学"井冈山""红联军"
一小撮反动头目的丑恶咀脸
新北大公社、新北大公社红卫兵
关于重庆、成都、青海、新疆、河南、内蒙
地区形势的声明
谢副总理关于红代会组織机构的指示
中央文革 关于西单商场的电话指示
首都无产阶级革命派夺权斗争简记
8199英雄部队虎穴龙潭救土刀

打倒刘邓陶
大吸血鬼 大寄生虫
中共中央 国务院 中央军委 中央文革小组
关于人民解放军坚决支持无产阶级革命派的通知
把刘 邓反党组织连根拔掉
坚决砸烂联合行动委员会
联合行动委员会是什么货色？
光明新闻

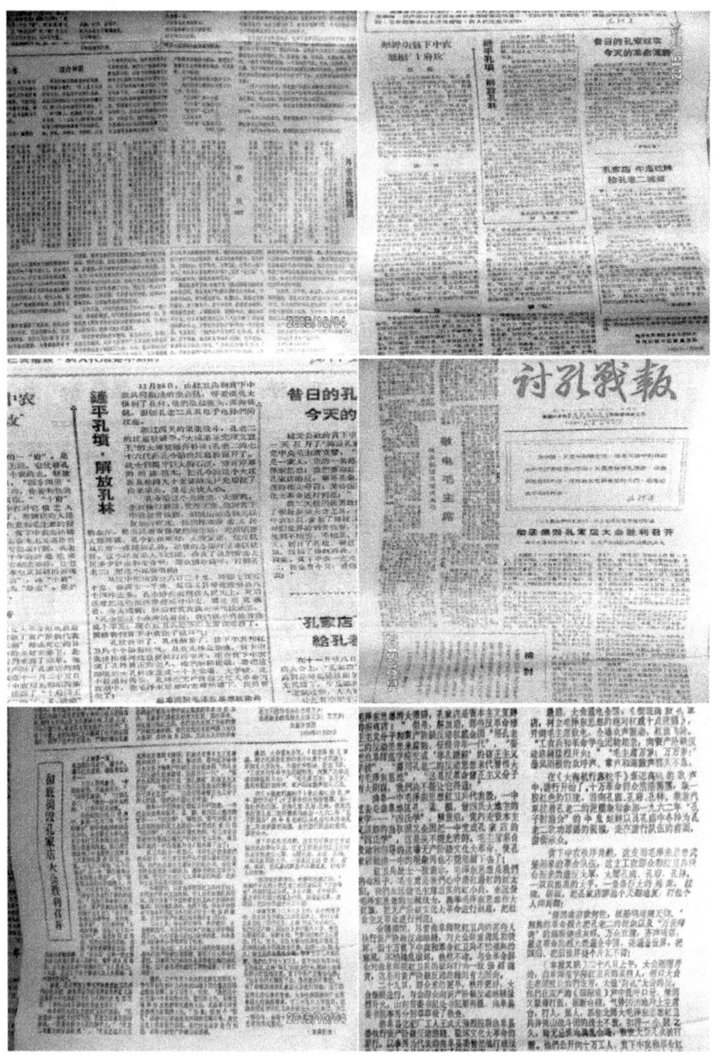

文攻武卫

前　進

八月十三日——八月十八日杭杭反革命暴乱部分烈士简表

打倒許世友战况

为死难战士报仇雪恨，

血　染　庙　前

苏州城临达危境

反革命的三部曲
习仲勋为高岗翻案罪该万死
彻底批判反动影片《兵临城下》
辽河两岸鏖战急
为使存城春满城忍将碧血染黄沙
王力、关锋罪贯难逃
再论长春公社向何处去

武斗的魔影在春城
公社战旗迎着风暴笑
誓与贺匪血战到底
七·二三见闻
山城风云
已在中央报刊上点名批判的文艺界反革命修正主义分子

重庆七、八月的枪声从何而来，

纪念六月保卫战

敌军围困万千重 我自岿然不动

关于 被开垦的处女地

重庆红卫兵反到底司令部西师红卫兵团
西南师范学院八·三一战斗纵队

严正声明

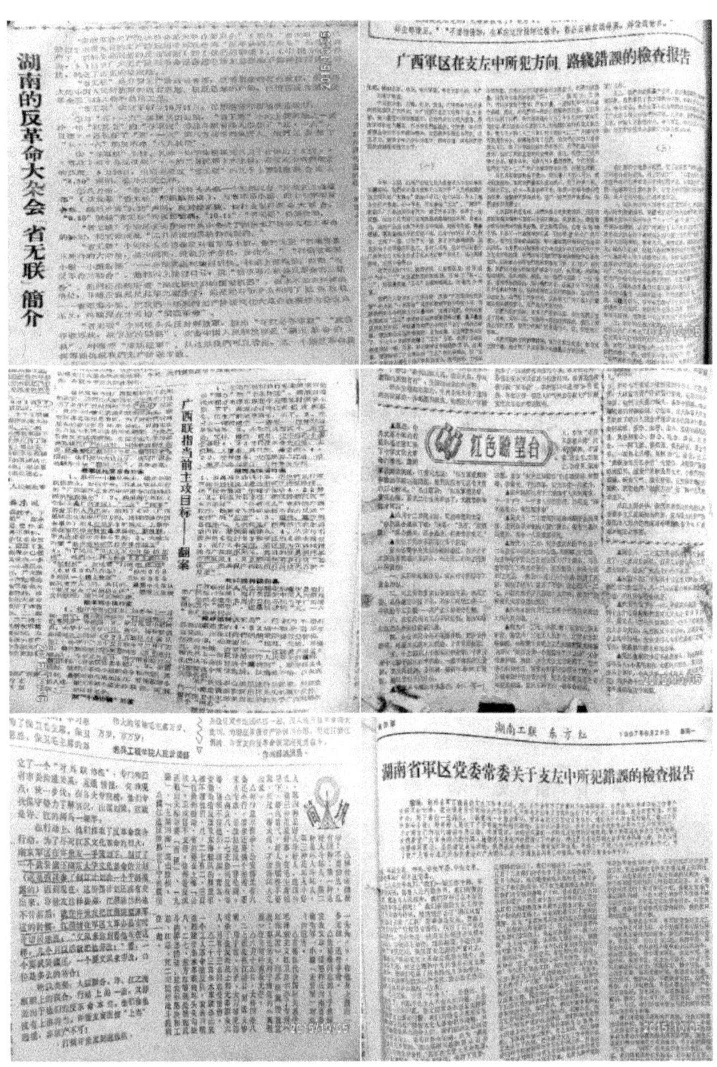

湖南的反革命大杂会"省无联"簡介
广西軍区在支左中所犯方向、路綫錯誤的檢查报告
广西联指当前主攻目标——翻案
红色瞭望台
湖南省軍区党委常委关于支左中所犯錯誤的檢查报告
湖南工联 东方红 1967年6月26日 第一版

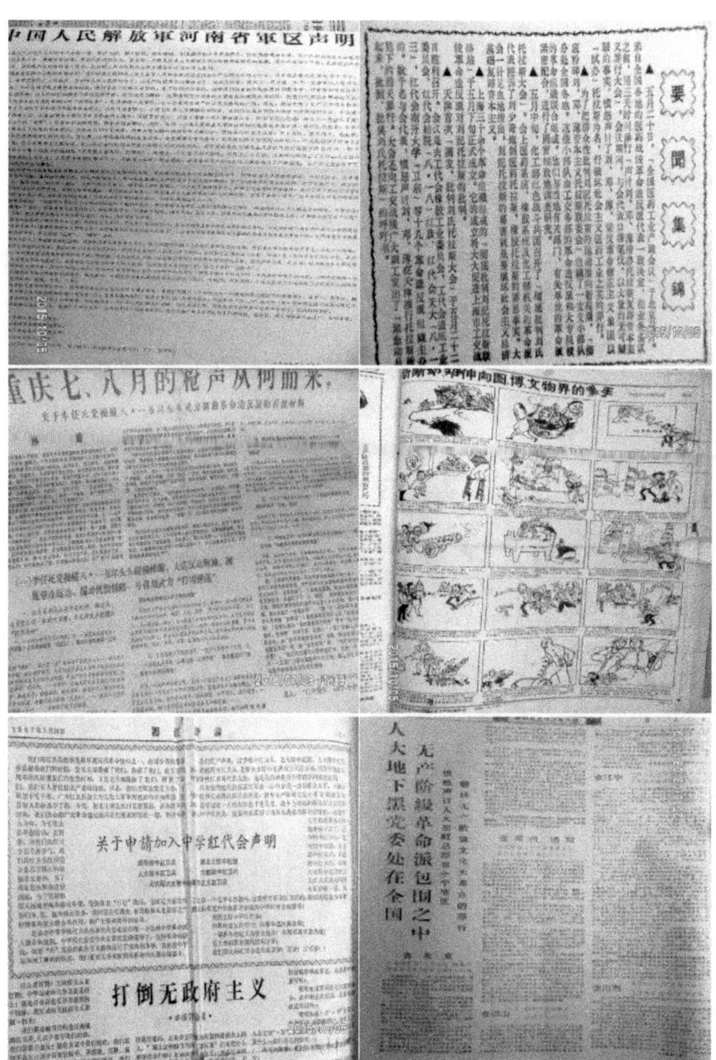

誰要反對毛主席 就砍罐他的狗頭！
命大批判的大旗，徹底砸烂刘記电影黑店！
刘XX与香港电影
敌军围困万千重 我自岿然不动
红岩
最高指示
重庆红卫兵反到底司令部四师红卫兵团
西南师范学院八·三一战斗纵队
严正声明